青少年自我完善计划

未成年人防性侵指导手册

沈丽萍 编著

苏州大学出版社

图书在版编目(CIP)数据

未成年人防性侵指导手册/沈丽萍编著. —苏州:苏州大学出版社,2014.1(2022.12重印)
(青少年自我完善计划)
ISBN 978-7-5672-0720-2

Ⅰ.①未… Ⅱ.①沈… Ⅲ.①性犯罪—青少年保护—中国—手册 Ⅳ.①D924.34—62②D923.8—62

中国版本图书馆 CIP 数据核字(2013)第 286088 号

书　　名:未成年人防性侵指导手册

编　　著:沈丽萍
插　　图:高宗慧
策　　划:刘　海
责任编辑:刘　海
装帧设计:吴　钰

出版发行:苏州大学出版社(Soochow University Press)
出 版 人:张建初
社　　址:苏州市十梓街 1 号　邮编:215006
印　　刷:广东虎彩云印刷有限公司
网　　址:www.sudapress.com
E - mail:Liuwang@suda.edu.cn　QQ:64826224
邮购热线:0512-67480030　销售热线:0512-65225020

开　　本:700 mm×1 000 mm　1/16　印张:7.5　字数:97 千
版　　次:2014 年 1 月第 1 版
印　　次:2022 年12月第11次印刷
书　　号:ISBN 978-7-5672-0720-2
定　　价:14.00 元

未成年人十大宣言

生命第一，财产第二。

平安成长比成功更重要。

背心、裤衩覆盖的地方不许别人摸。

小秘密要告诉妈妈。

不喝陌生人的饮料，不吃陌生人的糖果。

不与陌生人说话。

遇到危险可以打破玻璃，破坏家具。

遇到危险可以自己先跑。

不保守坏人的秘密。

坏人可以骗。

本手册专为18周岁以下读者以及这一人群的家长和老师定制，低幼读者可以在父母和老师的指导下阅读。

编写说明

未成年人正处于身心发育的关键时期。相对于成年人而言，未成年人心智尚未成熟，在体力和认知水平方面都处于弱势，遭遇性侵害的案例在他们身上时有发生，给他们的身心带来了或多或少的创伤。未成年人是社会的未来和希望，保护未成年人的合法权益不受侵害，让他们健康愉快地成长是社会的重要责任和义务，为此，本书策划编辑特组织编写了《未成年人防性侵手册》。本书汲取中外教育专家的丰富实践经验，以图文并茂的内容、生动形象的语言把自我性保护的智慧和技巧传授给广大小读者以及他们的家长和老师，让小读者们懂得爱护自己、学会保护好自己，无忧无虑地学习和生活。

祝愿小读者们能够从这本小小的手册中学到保护自己的智慧和本领，幸福快乐地成长。

目录 contents

家长必读篇

学校必读篇

写在前面的话

牛顿说:“我可以计算天体运行的轨道,却无法计算人性的疯狂。”

性侵未成年人,是人性疯狂中最疯狂的一页,也是社会黑暗中最黑暗的角落。这类事件屡屡发生在世界的每一个旮旯,而无关乎所在社会的种族、贫富和意识形态。曾经遭受性侵的未成年人,往往留下终身难以愈合的身心创伤,给其一生带来挥之不去的负面影响。

作为社会中的特定弱势群体和中华民族的未来,未成年人的生命和健康理所当然地受到法律的保护,我国还专门为这一人群制定了《未成年人保护法》和《预防未成年人犯罪法》。知识就是力量,只有懂得,才能预防。在21世纪的今天,性侵未成年人不该再是一个禁忌话题,而应成为全社会关注的焦点。启蒙才能避免愚昧,不管是大人还是孩子,懂得越多,越能更好地防患于未然。而最大限度地减少未成年人遭遇性侵害的可能性和尽可能地减轻身心的创伤,把防范性侵害的智慧和技巧以及心理治疗方法教给未成年人和他们的父母以及老师是最为切实可行的方法。

生命比名誉或者贞操都重要

未成年人必读篇

妈妈说：
背心、裤衩覆盖的地方不许别人摸
背心、
裤衩

什么是未成年人性侵害

未成年人的年龄段界定

未成年人是指年龄在0至18岁这一年龄段的人群，相对于成年人而言，他们年龄小，体力、心智发育还不成熟，认知能力、辨别能力以及反抗能力都有一定的局限，有的甚至缺乏有效监护，因而容易受到伤害。

什么是未成年人性侵害

未成年人性侵害是指未成年人在性方面受到的伤害。一般认为，只要是一方通过语言的或肢体的有关性内容的侵犯或暗示，给另一方造成心理上的反感、压抑和恐慌的，都可构成性侵害。具体来说，就是施害者以权威、暴力、金钱、物质或甜言蜜语，引诱胁迫未成年人与其发生性关系，并在性方面对受害人造成伤害的行为。这种性侵害行为包括猥亵、乱伦、强暴、性交易、媒介卖淫等。

以下行为就是典型的性侵害：把孩子带到一个隐秘的地方，叫孩子脱下衣服或裤子，摸孩子的胸部或生殖器；让孩子摸对方身体的某个地方（胸部、生殖器），或让孩子看施害者的裸体或隐私部位；

带孩子看有很多成人裸体镜头的电影或者视频；用自己身体的某个部位（生殖器或者嘴巴）接触孩子身体的隐私部位；在公交车、电影院等公共场所摸孩子身体的隐私部位。

如果家长或者老师没有及时发现未成年人所遭遇的性侵害，或者即使发现了也没有予以正确的身心救助，那么受侵害的未成年人还会受到二次伤害。

形形色色的性侵害给未成年人的身心带来了程度不等的伤害，给他们的成长带来了不少阴影，有些创伤甚至伴随他们终身，使他们的人生比同龄人少了很多阳光和快乐。

案例一：

2010年至2013年5月，广州增城市检察院共办理性侵未成年人案件36件39人，其中强奸案件21件24人，猥亵儿童案件15件15人。据统计，2012年受理该类案件17件19人，分别是2011年的2.8倍和3.2倍；2013年1月至5月受理6件9人，较2012年同期分别上升20%和80%。28名未成年被害人中有23名系未满14周岁的幼童，占82.1%；其中10岁以下的幼童有10名，年龄最小的仅有4岁，低龄化趋势比较突出。该类案件逐年递增，给未成年人身心健康造成严重危害，严重影响社会和谐稳定。

我的身体我做主

认知身体隐私部位

每个人的身体都有一些隐私部位，这些部位包括腹部、臀部、大腿内侧，还有女孩子的胸部和阴部，以及男孩子的阴茎（小鸡鸡）等。

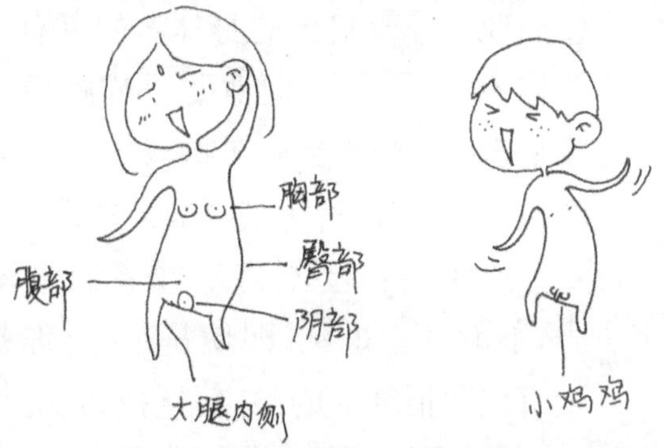

保护自己的隐私部位不被他人随便看和触摸是法律赋予每个人的权利。

分清好的接触和坏的接触

人类会用身体接触来表达爱意，在生活中会通过亲吻、拥抱来表达相互间的亲密关系，父母以及他们的朋友、同事在表达对孩子喜爱的时候也会与孩子有身体的接触，这样的身体接触让孩子感受到爱与被爱，是好的接触。但如果对方与未成年人身体接触时，用身体的某个部位（手、生殖器）在孩子身体的隐私部位反复触摸或者摩擦，这就是不好的接触。当自己遭遇不好的接触时，要立即想办法离开对方，并把事情

经过告诉父母。

我的身体我做主，敢于说“不”

亲爱的小读者，身体是属于你自己的，你就是自己身体的主人，保护自己的隐私部位不被他人随便看、随便触摸是每个人的权利。当然，我们也不应该随便向他人暴露自己的身体。如果有人违背你的意愿，不合理地要看或触摸你的隐私部位，或者要求你看或触摸对方的隐私部位，他的行为就构成了性侵犯。

只要你自己不喜欢或者感觉不舒服，不论对方是谁，即使是亲人，你都完全有权利拒绝他的触碰、抚摸、亲昵等行为，特别要敢于对摸你隐私处的人说“不”。

不过，亲爱的小读者，如果你们年龄尚幼需要父母帮助洗澡，或自己身体不适时需要父母照顾，或者父母和家人、医院里的医生和护士为了你们的健康需要检查你们的身体，可不要说“不”哦。

尊重自己和他人的身体界限

要记住，同学之间、好朋友之间相处也是要有身体距离的，尊重这个距离既是对自己的保护，也会使同学和朋友更加乐意跟你相处。像随意拉扯女同学的辫子或者触摸同学的隐私部位等这类行

为都已经侵犯了别人的身体界限，这样的“越界”虽然没有恶意，但你的同学和朋友会不舒服，甚至会生你的气。

容易遭遇性侵害的未成年人群

低幼儿童

低幼儿童是最易遭受性侵害的一个群体，他们的识别能力和反抗能力在未成年人这个群体中是最弱势的。

在校学生

北京市青少年法律援助与研究中心曾对2006年至2008年媒体报道的340例未成年人遭受性侵害案件进行专项调查分析，结果发现近些年来校园性侵害案件频繁发生，在340例案件中有50例发生在校园，其中又有70%的作案者是教师甚至是校长。学校对于教职员工教育和管理的松散，学校安全制度的不健全，是导致校园性侵害案频发的直接原因。

学校对于教职员工教育和管理的松散，学校安全制度的不健全，是导致校园性侵害案频发的直接原因。

未成年学生对来自教师的性侵害行为之所以较少进行反抗，除了敬畏教师、自身力量弱小等原因之外，性方面知识较为贫乏、预防性侵害的知识和技能较为欠缺也是重要原因。校园性侵害使被害学生受到巨大的伤害和影响，除了身体和精神的双重伤害外，还面临着辍学、转学、厌学等问题。

未成年务工人员

那些过早离开校园外出谋求生计的未成年人，同样面临着性侵害的威胁。违法用人单位提供不安全的住宿环境等因素，容易导致未成年人在打工所在地受到性侵害，有的未成年打工者甚至受操纵成为“作案工具”。

案例二：

那些过早离开校园外出谋求生计的未成年人，同样面临着性侵害的威胁。相关部门在统计样本中发现，有 35 个案件即 10% 的未成年人是在找工作或工作中被实施性侵害的。因以找工作名义被骗后遭受侵害的案件占到 43%，在打工期间遭受性侵害的案件更是占到了 57%。

从统计分析看，这些被害人的年龄小，平均年龄只有 14.7 岁，最小的年龄只有 13 岁，不满 16 岁的占到 54%。外出打工的未成年人在打工单位宿舍或者车间等被性侵害的案件时有发生，因为这些场所都存在着不安全的因素。例如在一起 16

岁女孩被侵害人闯入工厂宿舍强奸的案件中，该工厂提供的宿舍既没有配备必要的门卫或者值班人员，甚至宿舍都没有配置锁具等防护措施。按照规定，负责住宿的用人单位应当为未成年人提供安全的生活环境，并配备必要的防卫设施，但是很显然，这家工厂并没有尽到义务。

留守儿童

其实低幼儿童和在校学生里就包括了留守儿童这个群体，本书把他们特别列出来的原因是：大部分留守儿童由于得不到有效监护和全面保护，在受到侵害后又不能及时告诉亲人，因此成为一部分犯罪分子实施性侵害的“目标”。

案例三：

贵州习水县性侵案件的10多名受害人中，缺少家长有效监护的未成年人是主要被侵害目标。受害人小康的父亲在其5岁时进城打工，母亲喜欢打麻将，每天往外跑，小康没有人照顾便开始和学校外的孩子混。父亲发现后管教方式又不当，甚至用锁链将小康锁起来。另一名受害女生小王在被记者问及最恨谁时，她回答的不是侵害人而是其爸爸。原来，在她4岁时，父母就离婚了，她小时候一直住在乡下的叔叔家里，初中到学校住宿后，爸爸除了给零花钱，从来不管她。同样的情形也在其他性侵害案件中常有出现，缺少关爱的留守儿童处于明显的弱势。

大部分留守儿童由于得不到有效监护和全面保护，在受到侵害后又不能及时告诉亲人，因此成为一部分犯罪人性侵害的“目标”。

哪些人可能会实施性侵害

让我们先了解一些事实及统计数字：在已知的性侵害案件中，40%的施害者是儿童本来就认识的邻居、社区成员；47%的施害者是与儿童有血缘关系的人；只有8%~10%的施害者是陌生人。有几点必须特别注意：

施害者不一定是男性。根据美国司法部统计，侵犯者大多是男性，但是在对6岁以下儿童进行性侵犯的案例中，女性占了12%。因此，不管是男宝宝还是女宝宝，都应该进行一定的预防性侵犯教育。

施害者不一定用暴力达到目的，利诱、哄骗是他们的常用手段。

施害者不一定是中老年人，或缺乏性关系的人。性伤害可能会发生在兄弟姐妹之间，也可能发生在不同家庭的孩子之间。如果孩子被一个比他年长四五岁的人做性方面的利用时，就存在性伤害了。

施害者不一定是社会底层人士，不少施害者甚至有着令人羡慕的职业和社会地位。

施害者不一定外貌邋遢、行为猥琐，有许多人是文质彬彬甚至风度翩翩。

施害者不一定是为了满足性欲，大多是为了满足权力感、发泄挫折与压力。

通常施害者看起来都是“正常人”，过着和一般人一样的“正常”生活，换句话说，未成年人性侵害在各个阶层、种族、地理环境以及看来“正常”的家庭中，都有可能发生。这些侵犯者可能是孩子的亲人、父母的朋友、隔壁的邻居、学校的老师等。

通常施害者看起来都是“正常人”，过着和一般人一样的“正常”生活，换句话说，未成年人性侵害在各个阶层、种族、地理环境以及看来“正常”的家庭中，都有可能发生。

案例四：

2012年4月，曾因盗窃罪、奸淫幼女罪、强奸罪三次入狱的被告人杨宗樑，将上学途中的11岁被害人张某某诱骗上其驾驶的货车，然后以送张某某上学为由，将其骗至浙江海盐县沈荡镇某处实施奸淫。同年5月，杨宗樑在重庆市万州区对上学途中的7岁被害人何某某谎称其母亲出了车祸，将何某某诱骗至万州区某处实施奸淫。几天后，杨宗樑又对上学途中的9岁被害人罗某某谎称自己是小学教师，以让其帮忙拿表册为由，将罗某某诱骗至万州区某处实施奸淫。

法院认为，被告人杨宗樑奸淫不满14周岁的幼女，其行为已构成强奸罪，应从重处罚。杨宗樑奸淫幼女多人，且曾因奸淫幼女罪和强奸罪分别被判处有期徒刑九年和八年，系累犯，刑满释放后不足半年即又实施奸淫幼女犯罪，主观恶性深，人身危险性大，依法应当从重处罚。鉴于杨宗樑能够如实供述罪行，认罪态度较好，对其判处死刑，可不立即执行，但应依法对其限制减刑。据此，依法认定被告人杨宗樑犯强奸罪，判处死刑，缓期二年执行，剥夺政治权利终身。对被告人杨宗樑限制减刑。

警惕一：四成多的性侵害来自于熟人

性侵害，尤其是暴力性侵害对于未成年人的最大伤害之一，就是破坏了未成年人对他人的信任，特别是当侵犯者是未成年人自己所信任的人时。

父母们通常认为陌生人对孩子的威胁最大，实际上大多数施害者都认识受害者。从国内外的调查来看，85%以上的性侵犯都是当事人的邻居、朋友、亲戚、熟人或父母实施的。这些人一般看上去并不像坏人，有的甚至是受尊敬的校长、非常受欢迎的老师或者辅导员，或是我们熟悉的其他人，比如亲戚、邻居、继(养)父母和朋友。这也是未成年人性侵害最令人痛心的地方和防范的难点。这些侵害者充分利用了儿童的信任和崇拜实施伤害；有的利用儿童需要别人关爱的善良本质和对大人权威的恐惧，对儿童由一般爱的表达进而异化到性的侵害。

由于性侵害往往是熟人做出的坏行为，这会使未成年人感到一种背叛的困惑，觉得是自己的错，因为一开始没有强烈地拒绝，或未成年人自己因为生理的愉悦而有罪恶感。退一万步说，即使受害者感觉到那是不对的游戏，但当侵害者哄骗他说这没什么时，未成年人往往也就只有顺从了。

侵害者充分利用了儿童的信任和崇拜实施伤害；有的利用儿童需要别人关爱的善良本质和对大人权威的恐惧，对儿童由一般爱的表达进而异化到性的侵害。

由于未成年人在整个受害过程中始终感受到背叛，其心理上受到的伤害也就比较深。如果不经过特殊的治疗，对他人的不信任可能会持续终生。

未成年人性侵犯源自熟人的原因

熟人更容易接近未成年人

除非有父母陪同，现在的未成年人一般都知道不应该随便走逛，也不会轻易接近陌生人，而侵犯者却相对较容易接近已经熟识的孩子。

未成年人对熟人的戒备心低，容易被拐骗

孩子对熟人的戒备心比较低，不会想到熟悉的人会欺骗自己，当受到食物或金钱引诱时，往往会相信对方是出自爱护之心。

未成年人对熟人通常不会说“不”

当未成年人遭遇性侵犯时，通常抱着既惊恐又不相信的态度，而侵害者的甜言蜜语则会使孩子不敢直接说出“不”，更不会反抗。

未成年人容易被熟人强迫

如果未成年人认为认识者有权有势，会做出对自己或家人不利的事情，那么当他被迫做些不雅行为时，也不敢说“不”，而且往往还会天真地以为只此一次，只要顺从便可免受皮肉之苦，也不会给家人带来麻烦。

熟人实施性侵害通常采取渐进式

侵犯者通常会用渐进式的手法接近孩子，比如先用物质引诱，使孩子放松警惕，得到孩子的初步身体接触，然后用亲吻表示好感，再用抚摸使孩子感到混乱，不知是好是坏，然后诱使孩子顺从地

暴露身体或看“三级”电影，继而接触孩子的私处或做出诱奸的罪行。由于是渐进的侵犯，孩子往往不知如何应对，甚至还会反过来怀疑是自己过度敏感。

熟人更容易哄骗未成年人守秘密

由于施害者原本就与未成年人熟悉，了解孩子的心理，因此更容易用恐吓的口吻使孩子乖乖地保守秘密。也因为孩子不敢出声，侵犯者更得寸进尺。

这类案件的共同特点是，侵害人犯罪手段很简单，往往利用熟人易于接近受害者的便利，只是用少量金钱、物质诱惑未成年受害人，或是以交朋友、谈恋爱为诱饵，降低未成年受害人的防范意识，予以侵害。当未成年受害人抵抗坚决时，便以暴力相威胁，更甚者直接进行暴力侵害。

案例五：

2013 年 11 月 14 日，南宁市良庆区法院召开新闻发布会，公布了近三年来该院审理未成年人遭性侵害案件数情况。在该院所办理的 19 起案件中有 18 起属熟人作案。其中，有 10 起是被告人与未成年受害人早就认识。5 起是监护人作案，侵害人与未成年受害人是养父养女或继父继女关系。有 3 起是被告人与学校学生串通欺骗、威胁同学与其发生关系。

警惕二：家人也极有可能对孩子实施性侵害

需要注意的是，性侵害不只来自于家庭以外的人，家庭成员也极有可能在有意无意间对孩子造成伤害。家庭内的性伤害除家长公开展示孩子的隐私部位（比如小男孩的“小鸡鸡”）外，还有一种隐性性伤害，比如家人帮助六七岁的孩子洗生殖器、父母在六七岁以上的孩子面前随意暴露自己的身体、父母之间的一些亲密动作让孩子看到、家人随意看或者摸弄孩子的生殖器、用孩子的生殖器作为谈资笑话、随意议论生殖器的问题、给两三岁以上的孩子穿开裆裤、在公共场合随地大小便、暴露自己的生殖器，这些都是在日常生活当中父母经常做出的事情。父母也许不认为这是有问题的行为，但这些行为会给孩子的性心理带来负面的影响，造成对孩子的伤害。

案例六：

2010年10月，由四川省安县人民检察院提起公诉的被告人李永俊强奸亲生女儿一案依法作出判决，以强奸罪判处被告人李永俊有期徒刑12年。

检方了解到，被告人李永俊的妻子在1993年去世，当时其女年仅1岁，因为家庭经济拮据，李永俊一直没有再婚，与年迈的母亲和年幼的女儿一起生活。李勇俊供述，随着孩子年龄的增长，他心中产生了淫邪的想法。从2006年起，被告人李永俊以“家里穷，你和我发生性关系不用花钱”“和我发生性关系不会影响你”等语言作为欺骗，对刚满14岁的亲生女儿进行性猥亵。

2009年被告李勇俊的性侵犯再次升级。其女不愿意与亲生父亲继续保持和发生性关系，李永俊便采取殴打的方法，强行与女儿发生性关系。2009年12月初，其女不堪忍受而离家出走，被告找到出走的女儿之后强行将其拽回家实施家庭暴力，其后假借治伤擦药为名，多次强行与其女发生性关系。饱受精神折磨与肉体摧残的少女鼓起勇气到公安机关报案。李永俊被公安机抓获归案。

经四川省安县人民检察院审查认定，李永俊多次强行胁迫与其亲生女儿发生性关系，其行为已构成强奸罪，且李永俊违背伦理道德，属于情节恶劣，应当从重处罚。在人民法院开庭审理过程中，公诉人从保护妇女、儿童的合法权益出发，当庭向四川省安县人民法院提出了从重处罚的量刑意见，被合议庭完全采纳，判处被告人李永俊有期徒刑12年。

警惕三：性侵害，男孩也要当心

需要特别说明的是，说到性侵害，通常都认为受害者是以女性未成年人为主，实际上男性未成年人也会遭遇这种困扰，而且受到的性侵害也更为隐蔽。心理学专家介绍，男孩遭遇性侵害后，经历的生理、心理伤害并不亚于女孩，甚至更为严重。因此男孩子也需要对突如其来的“好事”保持警惕，提高自己抵御诱惑的能力，不轻易相信陌生人，不去自己无法掌握主动权的地方……值得欣慰的是，还有最重要的一条——身体是属于自己的，没有人可以违背你的意愿随意触碰你。每一位男孩都应该把这些记在心里。

值得欣慰的是，这个世界上绝大多数的人是爱孩子的，伤害孩子的只是极少数的那一部分人。所以，未成年人一定要懂得辨别好的接触和不好的接触。

案例七：

2004年12月，大连市中山区人民法院不公开审理了一起少年遭遇同性性侵犯案件，并做出一审判决判令施暴者赔偿5万余元，法院依据是“这种同性间性暴力造成的伤害不亚于异性间性暴力行为”。

2004年8月18日，小军（化名）从老家来到大连，经人介绍到秀月街附近一酒店做服务生。8月21日凌晨2点左右，小军在酒店的地下室睡觉，被准备到楼上休息的老板发现，老板就叫他到楼上的房间睡觉。小军和老板一起来到楼上,自己倒在沙发上就睡着了。

期间他被老板性侵惊醒了,便大声呼救。老板用一只手捂住小军的嘴,另一只手用力掐住他的脖子,然后恶狠狠地说:“再喊我就掐死你。”

第二天,小军到派出所报案。根据我国《刑法》规定,老板的行为不构成犯罪,小军也就无权要求司法机关追究其刑事责任。大连市公安局中山分局根据治安管理处罚条例的规定,将其按流氓活动处理,对老板给予行政拘留15日的处罚。

由于该案中,老板对小军实施暴力、恐吓等手段,强行进行了反常性行为,虽然未对被害人的躯体造成严重伤害,但却对被害人的身心健康、人格尊严造成极大创伤。

9月21日,小军的家长将施暴老板告上法庭,要求赔偿医药费、工资、误工损失、交通费、精神损失费共9.18万元(因为对于国人来说,9.18是个意味着耻辱的数字)。

法院认为,被告对原告实施同性间性暴力行为时,原告刚满16周岁,属于未成年人,被告的这种同性间性暴力行为对原告身心造成了严重伤害。对尚未成年的少年来说,这种伤害是难以弥补的。被告的行为并不亚于异性间的性暴力行为,性质恶劣,影响极坏。原告提出被告应赔偿医药费、工资、误工费、交通费的要求,法院予以支持。同时被告的伤害行为必将给原告的学习、生活和事业等带来心理创伤,根据相关法律规定,被告应对原告给予一定数额的精神赔偿。因此一审判决被告给予原告医药费、精神抚慰金等共计5万余元。

容易遭受性侵害的时间和场所

易遭受性侵害的时间

从性侵害易发的季节性规律来看，自春到仲秋是高发季，这个时间段人们的夜生活时间相对较长，外出机会也比冬天明显增多，社会接触面也随之加大。而且这个时间段气温较高，衣着单薄，身体裸露部分就较多，对异性的视觉刺激也就相应较多。同时，户外浓密的树荫植被也给性侵犯罪分子提供了藏身和逃脱的掩护。

夜晚时未成年人也很容易遭遇性侵害。因为夜晚光线暗，犯罪分子作案时不易被发现，即使被发现，也可以趁着夜色很快逃离现场。

易遭受性侵害的场所

公共场所和僻静处所，是比较容易遭受性侵害的地方。公共场所如教室、礼堂、舞池、溜冰场、游泳池、车站、码头、影院、宿舍、实验室等场所人多拥挤时，不法分子常乘机实施性侵；僻静之处如公园假山、树林深处、夹道小巷，楼顶晒台、没有路灯的街道楼边，尚未交付使用的新建筑物内，下班后的电梯内，无人居住的小屋、陋室、茅棚等，若未成年人单独逗留，很容易遭受到性侵。所以，未成年人最好不要单独行走或在上述这些地方逗留。

常见的性侵害类型

暴力型性侵害

暴力型性侵害，是指犯罪分子使用暴力和野蛮的手段，如携带凶器威胁、劫持未成年人，或以暴力威胁加之言语恐吓，从而对未成年人实施强奸、轮奸或调戏、猥亵等。暴力型性侵害的手段可以用残暴这个词来形容——当性犯罪者进行性侵害时，必然受到被害者的本能抵抗，所以很多性犯罪者往往要施行暴力且手段野蛮而凶残，以此来达到自己的犯罪目的。暴力型性侵害的行为也非常无耻——为达到侵害未成年人的目的，犯罪者往往会厚颜无耻地不择手段，比野兽还疯狂地任意摧残、凌辱受害者。

暴力型性侵害常常是群体性犯罪，犯罪分子常采用群体性纠缠方式对未成年人尤其是女性未成年人实施性侵害。这是因为，犯罪分子仗着人多势众，容易制服被害人的反抗而达到目的，还会使原来单个不敢作案的罪犯变得胆大妄为，所以这种形式的性侵害危害极大。暴力型性侵害还容易诱发其他犯罪，比如财色兼收、杀人灭口、争风吃醋、聚众斗殴等恶性事件。

案例八：

2005年春节前，一条令人震惊的消息传到甘肃省通渭县：该县常河镇一中学教师刘某在不到一年的时间里，利用夜间补课时间，借班主任身份采取诱骗、安眠药迷醉、恐吓等多种手段对其班里所有24名12岁至14周岁的女生先后实施了暴力性侵害，其中受害最深的遭到过刘某5次以上的奸污。小花（化名）只有12岁，是刘某班上年龄最小的女学生，曾被刘某采取迷醉、恐吓的手段多次蹂躏。小花因为心里也害怕，所以就没有告诉任何人，第二天仍然坚持上课。但小花的沉默并没有保护到自己，过了几天，刘某又把她叫到办公室，当她坚决不从时，刘某竟恬不知耻地恐吓说他会把他们所做的事说出去。这样，这名年仅12岁的女孩再次遭到刘某的蹂躏，此后每隔一周，她总要不同程度地遭到刘某的污辱。2004年底，一名和小倩同班的女孩在遭受刘某暴力性侵害后，回家向母亲哭诉了自己的遭遇，之后，这名小女孩的家长才向公安机关报了案，刘某的禽兽行为才被揭发出来。经公安部门调查，和这名小女孩同班的所有24名女生都不同次数地遭受了刘某的暴力性侵害。2004年12月刘某被检察机关依法逮捕，2005年由定西市人民检察院提起公诉。

胁迫型性侵害

胁迫型性侵害是较为常见的一种性侵类型，媒体上多有报道的教师性侵学生案就是属于这一类。它是指施害者利用自己的权势、地位、职务之便，对有求于自己的受害人加以利诱或威胁，从而强迫受害人与其发生非暴力型的性行为。

其特点主要是：其一，利用职务之便或乘人之危而迫使受害人就范，比如单独补课、排练节目等。其二，设置圈套，引诱受害人上钩。其三，利用过错或隐私要挟受害人。

社交型性侵害

是指在自己的生活圈子里发生的性侵害，施害者大多是熟人、同学、同乡，甚至是男朋友。社交型性侵害又被称为“熟人强奸”“社交性强奸”“沉默强奸”“酒后强奸”等。比如开车途中假装问路，借机诱骗孩子上车；谎称学校厕所的水箱坏了在滴水，要求受害人进去帮忙修理，再把她锁在厕所间施暴等。受害人身心受到伤害以后，往往出于各种考虑不敢加以揭发。

诱惑型性侵害

诱惑型性侵害，是指利用受害人追求享乐、贪图钱财的心理，诱惑受害人而使其受到的性侵害。例如带孩子吃麦当劳，给孩子糖果、玩具，对青少年则可能是出钱帮他们买东西等物质诱惑。

滋扰型性侵害

滋扰型侵害的主要形式有:利用靠近未成年人的机会,有意识地接触女生的胸部,摸捏其躯体和大腿等处,在公共汽车、商店等公共场所有意识地挤碰女生等;暴露生殖器等变态式性滋扰;向女生寻衅滋事,无理纠缠,用污言秽语进行挑逗,或者做出下流举动对女生进行调戏和侮辱,甚至可能发展成为集体轮奸。

案例九:

2010 年 6 月至 10 月,被告人王佳佳分别伙同邹雨、王梦云(均为同案被告人,已判刑)等人共谋强迫他人卖淫,先后将被害人王某(女,时年 16 岁,亦是同案被告人)、周某某(女,时年 18 岁)、张某某(女,时年 20 岁)、王某某(女,殁年 17 岁)骗至广东省河源市,采用殴打、恐吓、逼写欠条、拍裸照等方式强迫上述被害人卖淫,卖淫所得全部由王佳佳等人支配。其间,17 岁的王某某一直拒绝卖淫,并趁人不备给家人发短信求救被发现,王佳佳等人用衣架、橡胶棍、皮带等工具殴打王某某,并采用罚跪、泼冷水、勒令头顶矿泉水瓶等方式虐待王某某。王某在王佳佳的要求下参与看管王某某。同年 11 月 2 日,王佳佳殴打王某某后,两次用皮带绑住王某某的双手将其吊在卫生间的横梁上。次日,王某某因创伤性休克而死亡。强迫卖淫期间,王佳佳等人还扣留了四名被害人的手机,从张某某处劫取现金500元,并劫取张某某、王某某的银行卡,从张某某的银行卡内取款8400元,从王某某的银行卡取款1300元。

法院认为,被告人王佳佳伙同他人使用暴力、威胁手段强迫被害人卖淫,其行为已构成强迫卖淫罪;王佳佳以非法占有为目的,伙同他人采用暴力、胁迫手段劫取被害人财物,其行为又构成抢劫罪,应依法予以并罚。在强迫卖淫的共同犯罪中,王佳佳提起犯意,纠集多人参与,殴打、虐待、控制多名被害人,系主犯。王佳佳等人强迫多人、多次卖淫,其中包括两名未成年少女,致一人死亡,犯罪情节特别恶劣,手段特别残忍,罪行极其严重,社会危害极大,应依法严惩。据此,依法认定被告人王佳佳犯强迫卖淫罪,判处死刑,剥夺政治权利终身,并处没收个人全部财产;犯抢劫罪,判处有期徒刑七年,并处罚金人民币二千元,决定执行死刑,剥夺政治权利终身,并处没收个人全部财产。经最高人民法院复核核准,罪犯王佳佳已被依法执行死刑。

常见的性侵害手段

身体接触的性侵害

性器顶触

有些心理变态的男性不知廉耻，在公众场合比如公交车上或商场闹市，趁未成年人不注意用性器官对其臀部进行顶撞、摩擦而获得性快感，以此发泄自己的变态性欲。这也是典型的性侵害行为。

触摸搂抱

施害方利用未成年人心智不成熟、反抗能力差的弱点，有意无意地动手动脚，触摸未成年人的身体部位如手掌、臂膀、臀部、大腿，甚至摩挲他们的胸乳、面部或者触摸、抚弄儿童身体敏感部位（如女孩的乳房或外阴、男孩的外生殖器）等，以满足自己的性欲需要；还有的甚至强行搂抱、亲吻、抚摸未成年人，在未成年人身上故意摩擦其性器官，试图与儿童性交（口交、阴道性交和肛交）等。

性强暴

最为严重的情况是有些男性歹徒利用暴力或胁迫手段，或软硬兼施，对未成年人进行性强暴。这是比性骚扰更为暴烈的性犯罪行为，对未成年人的身心危害极大，常常造成难以估量的后果，比如导致未成年人精神崩溃，甚至走上轻生之路。

非身体接触的性侵害

利用语言实施性侵

在现实生活中，通过语言进行性挑逗是较为多见的一种性侵害行为。比如，受某种不良动机、欲望的驱使，运用庸俗下流的语言、轻浮的腔调、淫荡的表情，当面对未成年人进行有关性内容的挑逗、戏弄、取乐，或恣意羞辱、谩骂，严重伤害未成年人的尊严和形象，这就构成了非身体接触的性侵害。又比如，有意在交谈中对未成年人谈及人体生殖器官、性爱活动、性体验以及个人性隐私等内容，甚至向未成年人提出性方面的要求，使其感到难堪、羞辱，并影响到未成年人的形象和声誉，这些都属于性侵害。此外，有意当着未成年人的面大谈某书籍上有关性描写的段落，以曲折的方式进行挑逗、影射和暗示，这种语言性侵害，同样可能使未成年人感到难堪和羞辱。

案例十：

1999 年河南西峡县某中学初一年级三班学生鲁涛在楼梯过道口、去厕所的路上，用“你是我老婆”等下流的语言对初一年级二班学生董丽红进行骚扰、羞辱。董既不敢对爸妈讲，也未告诉班主任。就这样被鲁涛骚扰长达一年之久，成绩直线下降。2000 年 9 月 12 日下午，第三节课后，鲁涛又对去厕所的董当众羞辱。因董反抗，鲁涛用脚踢打，董就往教室跑，鲁涛紧追不放，边追边打。董哭着进了教室才罢休。董拿着削笔小刀去质问鲁涛，气愤之下将其刺伤。董也自此患了重度过虑性神经病。

下流动作

有些成年人在未成年人面前有意无意地暴露自己的性器官、撒尿，或对不认识的未成年人做出不堪入目的下流动作，使未成年人的尊严受到侵犯，精神受到刺激，感到难堪和羞辱。还有些成年人则选择用一双充满淫荡目光的眼睛长时间地盯视未成年人，直到把未成年人看得很不好意思，以此达到内心变态的满足。从严格意义上说，这既是一种非礼行为，也是一种常见的性侵。

有些成年人在未成年人面前有意无意地暴露自己的性器官，或对不认识的未成年人做出不堪入目的下流动作，这既是非礼行为，也是一种常见的性侵。

电信骚扰

有些施害者还利用现代化的通信手段对未成年人进行性骚扰。比如通过电话以阴阳怪气的口吻、下流污秽的语言说一些不堪入耳的性方面的内容，或是提出性要求，足以把人羞得无地自容，对方却在得意地淫笑、狂笑；还有的是以恫吓方式发出邀请，如果对方不去就将如何如何，把未成年人吓得心惊肉跳，不知所措。

电信骚扰造成的后果是十分严重的。它常使受害者有苦难言，又难以防范。既不知道是谁打来的电话，也不知道是谁发来的骚扰短信（比如有的施害者会经常换手机号码），受害者又很难去查找，投诉无门，白白遭受侮辱。在电话和手机日益普及的情况下，电信骚扰案件比例明显增多。

● 利用现代传媒、音像手段对未成年人进行性骚扰 ●

随着科技的发展,利用网络等先进传播工具实施性侵害也成为常见现象。比如,千方百计打听到某未成年人的姓名、住址和生日,在网络上发布未成年人的照片、个人信息等。施害方这么做当然不是真诚的祝福,而是想利用网络惊吓未成年人,通过让受害者哭笑不得、紧张害怕来满足自己的扭曲心理。

● 借助书画等媒介进行性挑逗 ●

有些施害者利用带有色情文字的书刊或黄色画报,或自己绘制的含有性器官、性爱内容的漫画,或制作性器官、男女性爱的模型等,对未成年人进行性刺激、性挑逗,以达到自己不可告人的目的。

案例十一:

2012年12月30日下午,被告人关天翼以给被害人王某(女,时年13岁)测试体能为由,将王某骗至北京市某小区住宅楼顶层处,对王某进行猥亵。

2013年3月3日下午,被告人关天翼以给被害人倪某(男,时年12岁)测试体能为由,将倪某骗至北京市某小区住宅楼26层处,对倪某进行猥亵。

2013年3月10日下午,被告人关天翼以给谷某(男,时年11岁)测试体能为由,将谷某骗至北京市某小区住宅楼27层处,对谷某进行猥亵。

法院认为,被告人关天翼为寻求性刺激,对一名女童和两名男童实施猥亵,其行为已构成猥亵儿童罪。关天翼猥亵多名儿童,情节恶劣,应依法惩处。关天翼当庭表示认罪,依法可对其酌定从轻处罚。据此,依法认定被告人关天翼犯猥亵儿童罪,判处有期徒刑三年六个月。

积极防范性侵、保护自己的智慧和技巧

防范性侵最先要做的是筑起思想防线,提高识别能力,以预防为主。

防范性侵最先要做的是筑起思想防线,提高识别能力,以预防为主。

衣着得体

未成年人的衣着要得体,不要穿着比较暴露的衣服;避免独自在无人的场所逗留。

拒绝诱惑

特别应当消除贪图小便宜的心理,对一般异性的馈赠和邀请应婉言拒绝,以免掉入对方设计的陷阱。

谨慎待人处事,保护好自己的私人信息

对于不相识的人,不要随便说出自己的真实情况,比如自己的家庭成员信息、家庭住址、所在学校和班级等。对于对自己特别热情的人,不管是熟人还是陌生人都要倍加注意。一旦发现对方对自己不怀好意,甚至动手动脚或有越轨行为,一定要明确表示拒绝,如果和对方实力相差悬殊,在确保生命安全的情况下要巧妙阻止或者拖延对方侵害行为的实施,以便等待时机逃离侵害。

在拒绝对方的无理要求时，要讲明道理，耐心说服，不宜嘲笑挖苦，以免激怒对方，反而使自己遭遇不测。

行为端正，态度明朗

如果自己行为端正，坏人便无机可乘。如果自己态度明朗，对方有可能会打消念头，不再有任何企图。若自己态度暧昧，模棱两可，对方就会增加幻想、继续幻想、继续纠缠。在拒绝对方的要求时，要讲明道理，耐心说服，不宜嘲笑挖苦，以免激怒对方，反而使自己遭遇不测。

参加社交活动与异性单独交往时，要理智而有节制地把握好自己，尤其应注意不能过量饮酒。

学会用法律保护自己

对于那些失去理智、纠缠不清的无赖或违法犯罪分子，千万不要惧怕他们的要挟和讹诈，也不要怕他们打击报复。如果周围的形势对自己有利，就要大胆及时向父母或者自己信赖的人揭发其阴谋或罪行，学会依靠组织和运用法律武器保护自己。

千万注意：不能“私了”，“私了”的结果常会使犯罪分子得寸进尺，继续没完没了地纠缠。

学点防身术，提高自我防范的有效性

一般未成年人体力均弱于成年人，防身时要把握时机，出奇制胜，狠、准、快地出击其要害部位，即使不能制服对方，也可制造逃离险境的机会。人的身体各部位都可以用来进行自卫反击，头的前部和后部可用来顶撞，拳头、手指可进行攻击，肘朝背部猛击是最强有力的反抗，用膝盖对脸和腹股沟猛击也相当有效果，用脚

前掌飞快踢对方胫骨、膝盖和阴部往往非常有效。同时，要注意设法在案犯身上留下印记或痕迹，以备追查、辨认案犯时作为证据。

案例十二：

1998 年出生的小芳从 2011 年夏天开始一直遭受养父阿根的骚扰，但胆小的她始终没有勇气揭穿他的恶行。据小芳回忆，2011 年夏天，妈妈经常加班不在家，有一天她和父亲在出租房的床上看电视，突然父亲摸她的私密部位，对她实行性侵。但是当时她没有这方面的知识，根本不懂。后来她明白父亲是在性侵自己，但却始终没鼓起勇气去揭穿父亲的恶行，因为她害怕父亲和母亲会离婚，而这也使阿根变本加厉，一次比一次龌龊。

直到 2013 年 1 月，小芳在妈妈的陪同下去医院检查，发现自己有了身孕，才由妈妈陪着报了警。直到此时，小芳才终于从妈妈口中得知，原来阿根是自己的养父。2013 年 6 月 15 日，阿根因犯强奸罪被上虞市人民法院一审判处有期徒刑 7 年。

牢记十六条铁规

1. 凡背心、裤衩覆盖的地方，不许别人碰。

2. 任何人的任何行为，只要让你感到痛或不舒服，就立刻反抗，即使是老师或其他有权威的人，也要敢于说“不”。

3. 不单独去你得不到帮助的地方。外出前应了解环境，尽量在安全路线行走，不要独自待在僻静的地方，避开荒僻和陌生的场所。

4. 尽可能避免黑夜单独外出。确实需要晚上外出时，应结伴而行，尤其是年幼女孩外出，一定要有家长陪伴和接送。未经家长许可，不可在别人家夜宿。

5. 外出时要注意周围动静，不要和陌生人搭腔，如有人盯梢或纠缠，尽快向人多处靠近，必要时要呼叫。这一招通常很管用，因为加害者本身就很心虚，如果碰上会大声拒绝并呼救的孩子，他们多数会放弃而离开。

6. 不要跟不认识的人外出。如要外出活动，必须征得父母的同意，并告诉父母自己去什么地方、行走路线、活动时间、和谁在一起等。可能的话，把同伴的联系电话告诉父母。随身携带零钱及手机或者电话卡，以便遇上危急情况时，可以赶快拨电话向父母或其他可信任的大人求助。

7. 不管男孩还是女孩，都应该避免单独和男子在家里或是宁静、封闭的环境中会面，尤其是独自到男子家中。

8. 不要轻易相信陌生人，不要接受不十分了解的人的钱或礼物。不要吃不认识的人递过来的食物和饮料。

9. 不要搭便车，特别是不要搭陌生人的车。

10. 一个人在家时要把门窗关好。在开门前应问清来人是谁，不要轻易让外人进屋，即使是你比较熟悉的人。发觉有陌生人进入应果断开灯求救。

11. 不随便出入录像厅、歌舞厅、宾馆、酒吧等场所。更不要看充满色情气味的电影、录像或书刊。

12. 感觉遇到性侵犯的威胁时，要迅速离开，跑向人多的地方。一定要往人多的地方走，千万不要因一时害怕，反而跑到没人的地方躲起来，尤其不能走进小巷子、公寓楼梯间里。

13. 学习几招简单而实用的应对招式，重在威慑。遭遇危险的时候，要冷静对付，利用肘、膝盖、脚跟、手等部位，趁其不备，用力攻击性侵者的薄弱部位，比如裆部、面部等；搏斗后尽可能不要清理现场，以方便警方采集证据。

14. 如果很不幸，已经逃不出施害者的魔爪，记住不要激烈反抗，或大叫哭闹，以免激怒施害者，使自己受到更严重的伤害。如果已经遭到侮辱或强暴，不管施害者有没有拿名誉来威胁你、要求你保密，记住，不要隐瞒，一定要及时报警，这样才能避免对方利用你怕被他人知道自己受过侵害的心理，再次伤害你。

15. 如果遭到侮辱或强暴，不要隐瞒，一定要保留证据并及时报警，避免再次受到伤害，要勇于保护自己的权利。如果身心遭遇创伤，一定要告诉父母并在父母的陪伴下及时到医院检查和治疗，因为他们是你最可信赖的亲人，要向他们寻求帮助和支持，必要时还可求助心理医生。

记住：生命比名誉或者贞操都重要。事后要赶快把所发生的事告诉父母或信任的人。

怎样防范校园性侵害

校园性侵案近年来频繁见诸报端，其中大多数作案者是教师甚至是校长。校园性侵害案件严重损害着未成年学生的身心健康，给受害者带来终身挥之不去的心理阴影，也败坏了教师的良好形象，社会影响恶劣，已经引起了政府相关部门及学校的高度重视。

校园性侵害主要有两种类型：校内工作人员（包括教师甚至校长）对未成年学生实施的性侵害；校外人员在校园内对未成年学生实施的性侵害。

如何防范校内工作人员实施的性侵害

校内工作人员包括教师、校长、学校保安等。这一人群实施性侵害的对象绝大多数属于低龄儿童，有的甚至是幼儿园的幼童或者小学低年级学生，在目前的许多案例中被害人只有六七岁。之所以被害人多集中在低龄学生中，主要是因为低龄学生对事物的认识能力、对是非的判断能力、对问题的解决能力和自身反抗能力、自救能力都相对较弱。

未成年人防范校园性侵害要做到以下几条。

正确认识师生关系

在中国传统的教育观念当中，教师一般享有绝对的权威，而且这种特权往往受到社会观念的默许和保护。在这种观念的影响下，学生对教师的命令是绝对服从，即使对于教师出格的要求也不敢说“不”。有些犯罪分子正是利用学生的这种观念恣意地实施犯罪。要保护自己不受侵害，未成年学生要敢于对老师或者校长等校内工作人员提出的不合理要求坚决说“不”，要知道学校里也有“大灰狼”和“怪蜀黍(叔叔)”。

不要单独与异性老师相处

不要单独请异性老师给自己辅导和补课；到异性老师办公室沟通时不要锁门；不要单独到异性老师的宿舍。如果老师提出要给你检查身体，甚至要求检查隐私部位，请坚决地说“不”。如果老师利用考试不让通过等借口胁迫你，向你提出不合理的要求，也要敢于说“不”。

遭遇性侵害后要努力克服心理障碍，及时求助

如果不幸遭遇了老师的性侵害，千万不要忍气吞声，要保留证据，及时告诉自己的父母，及时向有关部门举报、提供线索、指认罪犯或者接受调查等。如果羞于启齿、保守这个“秘密”，反而是给犯罪分子留下了继续侵害的可能性，因为施害者往往会利用学生害怕报复和害怕暴露隐私的心理，肆无忌惮地反复作案。所以，尽早向家长和有关部门求助、及时将施害者绳之以法是防范反复遭遇性侵的重要手段。

未成年受害者尽早向家长和有关部门求助、及时将施害者绳之以法是防范反复遭遇性侵的重要手段。

如何防范校外人员在校园内实施的性侵害

尽管当前校园管理通常比较规范和严格,但是仍有不法分子伺机潜入校园内实施性侵害,这种情况在寄宿制学校里时有发生。寄宿的未成年学生记住要做到以下几点:

* 经常进行安全自查。如发现门窗损坏,及时报告学校有关部门修理。

* 就寝前要关好门窗,天热时也不能例外,防止犯罪分子趁自己熟睡作案。

* 夜间上厕所,要格外小心。如厕所照明设备已坏,应带上电筒,上厕所前先仔细查看一下。

* 夜间如有人敲门问询,要问清是谁再开门。如发现有人想撬门砸窗闯进来,全室同学要一起呼救,并准备可供搏斗的东西,做好齐心协力反抗的准备。

* 遇到周末或节假日,最好不要独自一人留宿。回宿舍就寝时,要留心门窗是否敞开,防止有犯罪分子潜伏伺机作案。如遇异常情况,可请一两位同学陪同进去,以确保安全。

* 无论是一人还是多人在宿舍,当犯罪分子来侵害时,都要保持冷静的态度,做到临危不惧,遇事而不乱。如果是多人在宿舍,要勇敢及时地呼救,同心协力与犯罪分子作坚决斗争。如果是独自一人在宿舍,则要以生命安全为第一,有技巧地与施害者周旋,不放过任何可以逃脱的时机。

家长必读篇

宝贝,衣服遮挡的地方不许别人摸.
嗯,我知道了,妈妈!

家长怎样对孩子进行性安全教育

父母是未成年人的法定监护人，必须起到重要的监护作用。身为父母，除了要关注孩子的身心健康和学习进步之外，更要重视孩子的性安全教育，这是一种人生智慧，也是做父母的一份责任。

家长应尽早帮助孩子构建"身体隐私"的概念

父母与孩子朝夕相处，有充分的时间和机会通过生活细节尽早帮助孩子构建起"身体隐私"的概念。对孩子的性安全教育要从性知识教育入手，而且在孩子的婴幼儿时期就必须做起。3～6岁是弗洛伊德所说的俄狄浦斯期，这一时期的孩子对性是有好奇心的，可以顺着孩子的好奇心帮助孩子树立正确的性别意识，告诉他们男女在身体结构、行为方式等方面有哪些不同。

在孩子4岁以后、5岁以前就要着手帮孩子建构身体的隐私观。比如，让孩子自己洗澡、洗屁屁等，告诉孩子换衣服时要回避他人，这是"界限"建构的第一步。如果家长不尽早建构孩子"身体界限"的观念，到了孩子12岁的时候，突然要他注意防范性伤害，孩子在没有基础建构的情况下，不可能一夜之间就学会保护自己。

所以说，这些意识都是一步一步建立的。

此外，爸爸妈妈和爷爷奶奶也不要随意谈论、触摸孩子的生殖器官，而是要有意识地帮助孩子做到不穿开裆裤、不随地大小便；尽早教会孩子便后自己擦屁股；不可以随便让别人看他(她)的隐私部位，要告诉男孩子不可以让别人随便触摸他的小鸡鸡等。这些做法都有利于让孩子从小学会对“身体隐私”的尊重和保护。

在对于孩子的性教育过程中，父母的用语宜简洁直接，不必神秘化，更不要躲躲闪闪、含糊其辞。如果父母在对孩子进行性安全教育时，只是一味地对孩子说“你要小心，有坏人哦，会伤害你哦”，孩子从这些说教性的话里根本不理解父母所说的是什么，也根本不知道到底哪些行为是对自己的性伤害。其实，父母并不是不愿意讲，而是他们不知道该怎么讲。父母应该知道，未成年人对性的好奇是纯洁的、中性的，家长没必要对孩子的性好奇感到恐惧和紧张，更不要为此呵斥孩子，以一颗平常心，心平气和地告诉孩子男女有别的道理即可。父母也可以通过语言交流以及陪伴孩子阅读有关儿童性教育的书籍，帮助孩子建立自我保护意识。

父母要时常鼓励孩子表达情感，让孩子感受正常关爱的接触，以区别侵犯性的触摸。

家长应尽早让孩子知道：有些地方别人是不能摸的

父母应根据未成年人的性心理和认知能力，以平和的态度让孩子认识身体的隐私部位，男孩、女孩的都要认识。对于4岁以上的孩子，家长可以采取做游戏的方式让孩子认知哪些部位别人不能碰。比如，让孩子画一个男孩和一个女孩，并和孩子一起用红笔把隐私部位标记出来，告诉孩子“红笔画出来的部位不可以随便让别人看，也不可以随便让别人摸”，从而帮助孩子认识身体的隐私部位。

父母还需要帮助孩子鉴别各种触摸，与孩子一起讨论不同的触摸，让孩子知道什么是好的触摸，什么是不适当的或坏的触摸以及不知道是好还是坏的触摸。

告诉孩子：人类会用身体接触来表达爱意，在生活中我们会以亲吻拥抱来表达我们的亲密关系，父母的朋友、同事在表达对孩子喜爱的时候也会与孩子有身体的接触，这样的身体接触让我们感受到爱与被爱，是好的接触。如果成人与我们身体接触的时候，用自己身体的某个部位（手、生殖器）在孩子身体的隐私部位反复触摸或者摩擦，这就是不好的接触。

如果成人与我们身体接触的时候，用自己身体的某个部位（手、生殖器）在我们身体的隐私部位反复触摸或者摩擦，这就是不好的接触。

家长要教会孩子禁止别人触摸自己的隐私部位

告诉孩子，如果有人对自己有如下行为，就是危险的：

＊把孩子带到一个隐秘的地方，叫孩子脱下衣服或裤子，摸孩子的胸部或生殖器；

＊让孩子摸对方身体的某个地方（胸部、生殖器），或让孩子看他的裸体或隐私部位；

＊带孩子看有很多成人裸体镜头的电影或者视频；

＊用他身体的某个部位（生殖器或者嘴巴）接触孩子身体的隐私部位；

＊在公交车上、电影院里等公共场所摸孩子身体的隐私部位。

如果有人不合理地要看或触摸你的隐私部位，一定要对不舒服的触摸勇敢地说“不”，并立刻想办法离开这个人或者对外发出求救信号。

告诉孩子，每个人的身体都有一些隐私部位，包括腹部、臀部、大腿内侧，还有女性的胸部和阴部以及男性的阴茎等。如果有人不合理地要看或触摸自己的隐私部位，一定要对不舒服的触摸勇敢地说“不”，并立刻想办法离开这个人或者对外发出求救信号；提醒孩子也不可以摸别人的隐私部位。告诉孩子，不管是在幼儿园还是其他任何地方，偏僻的地方不要去；教会孩子利用电话求助；独自在家时不要给陌生人开门。

家长应告知孩子什么样的人会对孩子实施性侵害

家长要告诉孩子：任何人都可能性侵害儿童，不论年龄、性别、职业，侵犯者可能是孩子的亲人、父母的朋友、隔壁邻居、学校老师。但是，也要告诉孩子：这个世界上绝大多数的人是爱孩子的，伤害孩子的只是极少数的那一部分人。

家长要积极引导和鼓励孩子勇敢拒绝乃至反抗陌生人提出的要求。这样在面对性侵犯时，孩

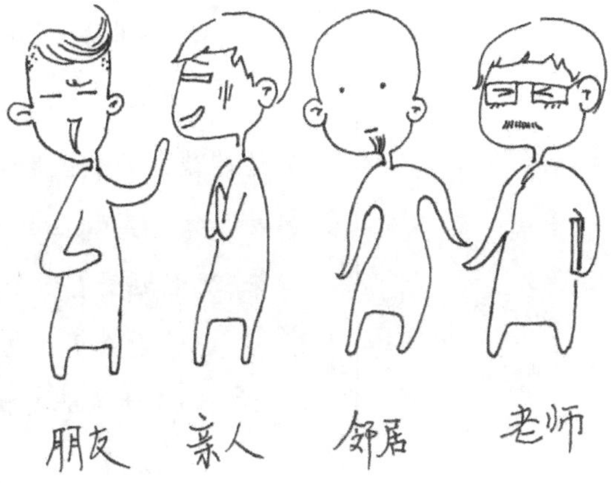

子就不会茫然不知所措，而会第一时间拒绝和反抗并告知周围的人。如果我们的家长平时对孩子限制过多，甚至常常嘲笑孩子提出的看似幼稚的问题，孩子就会经常受到打击，或者总是处于负面情绪中，她（他）就不会向家长或老师问询，也不会主动向家长、老师报告自己的遭遇，在遭遇性侵时往往会失去尽早摆脱困境的机会。

家长要告诉孩子：在与他人的接触中，如果判断出是不好的接触，要尽快冷静下来，然后想办法机智地离开。不要激怒侵犯者，因为那样会给自己带来生命危险，要伺机逃脱或是喊救命。

家长一定要告诉孩子："如果有人摸了你，要马上告诉我们，同时你也不能去摸别人的。"要告诉孩子，如果自己的隐私部位被触摸了，不要害羞或害怕，一定要及时告诉父母，这一步的重点在于"告诉我们"，因为孩子是没有能力保护自己的，但只有让他们建立起了保护身体隐私的概念，在受到侵犯后才能不至于因为受到侵害人的威胁而不敢告诉家人。

家长要告诉孩子：如果自己的力量无法与侵害者抗衡，也没有机会逃离，在万般无奈的情况下先顺从罪犯，不要以跳楼等伤害自己生命的方式来抗争，要保护好自己的生命。事后一定要做三件事情：立即告诉爸爸妈妈，报警，到医院检查身体情况。

家长要告诉孩子：如果自己的力量无法与侵害者抗衡，也没有机会逃离，在万般无奈的情况下先顺从罪犯，不要以跳楼等伤害自己生命的方式来抗争，要保护好自己的生命。

案例十三：

5 岁女孩罗拉飞快地冲进路边一家小店，边跑边大声喊：“爸爸！爸爸！”

喊叫声让店里人和街上行人纷纷回过头来，莫名地望着这个神色紧张的陌生小女孩。

“你爸爸不在这里。”店里人没有留意到不远处一个男人正悻悻地掉头离去。

“我知道。”点点头，一抿嘴，眼泪从罗拉惊魂未定的小脸蛋上滚下来。

几分钟前，罗拉剪完头发，从理发店出来，去不远处的另一家理发店找爸爸和哥哥。半路上，一个陌生男人走过来和罗拉说话，说要带罗拉去买糖果。

罗拉记得妈妈说过，绝对不能跟陌生人走。她摇了摇头。

陌生男人伸手，试图抓住罗拉瘦小的肩膀。

罗拉身子一扭，用力挣脱了。没有任何停顿地撒开腿用力跑。

“最近的一家店，最近的一家店……喊‘爸爸’，喊‘爸爸！’”妈妈反复叮嘱的话，条件反射般地出现在罗拉脑子里，带着罗拉冲向路边最近的那家小店。

“路上如果遇到陌生人试图触碰你，甚至要带你走，一定要立刻大叫，看附近有没有警察，如果没有警察，就立刻冲到最近的店里，大叫‘爸爸’”，妈妈平时的安全教育，在关键时刻，帮罗拉躲过一劫。

● 警惕一：性侵害不只是来自于家庭以外的人，家里人也极有可能在不经意间对孩子造成伤害●

家庭本是孩子的避风港，然而，来自我国青少年法律援助与研究中心的一份调查显示，近一半的儿童性侵害来自于家庭内部。香港地区在一份关于性侵犯者的调查里面发现，父亲占据的比例居然是最高的，达到21%！朋友或者同学也达到19%。近几年来，诸如“父亲奸淫女儿、少年强奸同学”的案件常常曝光，而且这些性侵害多半是发生在女孩子身上，她们的年龄分布从四五岁一直到十七八岁，个体情况虽各有不同，但都有着一个非常相似的共性——未成年人受侵害的案件往往发生在家庭结构骤变或家庭环境不和谐的家庭当中。

因此，给孩子一个安全的环境非常重要。一句话，给孩子一个温暖的家，给他足够的爱和关注，多与孩子交流，了解他的思想动态，及时给予指导。养成定时与孩子聊天的习惯，比如在每天的早餐或晚餐时间。孩子交什么朋友，出门去哪里，与谁同行，什么时间回来，做父母的都有责任了解并规定清楚，不能放任自流，家长必须承担自己应尽的义务，否则可能被坏人钻空子。而来自熟人、长者，比如学校老师或者校长的性侵，不都是一朝一夕发生的，会有蛛丝马迹可寻，应是可以避免的。

只有父母自己对儿童的性发育和性侵儿童的常识了解得足够多，才能理性地看待、防范和处理这类与性有关的事情。身为家长，不仅要教育未成年人加强自我保护意识，还必须首先给孩子提供一个安全的环境：

＊不把孩子交给除家人以外的异性照看，对照看孩子的人要有足够的了解。

＊了解周围经常出现的人，包括亲戚、孩子的老师和伙伴。

无论多忙，都要细心观察孩子的异常反应，包括变得胆小、爱哭，忽然不喜欢上学，忽然害怕和父母亲热等等；妈妈在帮孩子洗澡时要不露声色地检查孩子的下身、内衣裤。

＊无论多忙，都要细心观察孩子的异常反应，包括变得胆小、爱哭，忽然不喜欢上学，忽然害怕和父母亲热等等；妈妈在帮孩子洗澡时要不露声色地检查孩子的下身、内衣裤。

＊无论你的孩子是上幼儿园、兴趣班还是夏令营，都要了解清楚教育机构的背景和口碑。如果机会合适的话，也可以尝试和组织者之间进行沟通，了解包括保护孩子免受性骚扰之内的所有安全措施。

＊了解居住小区或附近的求助机构。一旦发现或者怀疑孩子遭受性侵犯时，要知道去找谁求助和投诉。

● 警惕二：不要让孩子处于“脱管状态”●

对于10岁以下年龄段的未成年人，由于他们的防范意识尚未构建，自身又缺乏保护能力，父母更应当提高警惕，不要让自己的孩子处于“脱管状态”。孩子外出玩耍时，家长要尽量陪同或将孩子置于自己的视线范围内。

对于15～18岁花季时期的未成年人，家长要注意监督、提醒，培养孩子的自我保护意识，适当帮助他们对所交往的朋友进行“过滤”，防止交友不慎。同时，还要提醒孩子自己要提高警惕，晚上尽量不外出，不喝酒，避免因贪玩而酿成大祸。

许多不法分子在实施作案前，都会以食物、玩具或去某个地方玩耍为由来引诱孩子。因此，家长平时要多教育孩子在没有得到父母的允许下，不应当接收他人给的糖果等赠品以及随便跟他人离开，要教育孩子在面对诱惑时能够说“不”。

家长平时要多教育孩子在没有得到父母的允许下，不应当接收他人给的糖果等赠品以及随便跟他人离开，要教育孩子在面对诱惑时能够说“不”。

案例十四：

13岁的娟娟在一周之内被昔日邻居连续性侵犯，让人震惊的是，其中4次侵犯都发生在女孩家，造成这一悲剧的直接原因是孩子父母为了打工赚钱，整天将孩子独自留在家中，从而给罪犯留下可乘之机。

几年前，娟娟和妹妹跟随父母张敏、刘芳从四川老家来到天津市打工，靠用助力三轮车运货挣钱。夫妻俩经常彻夜不归，把两个女儿独自留在家中。2007年，河南男青年王平租住在娟娟家院内，与娟娟相识。2008年4月4日下午，王平恰好遇到娟娟，就给她留下了自己的手机号，并说晚上过来找她玩，涉世未深的娟娟一口答应下来。当晚8点左右，王平把娟娟带到自己的住处，在看电视时，王平采取扭胳膊、摁手等手段将娟娟按在床上，不顾娟娟反抗将她强暴。此后一周里，娟娟又多次给王平打电话，王平又利用娟娟父母不在家，4次对娟娟实施性侵犯。4月15日晚上，张敏、刘芳回到家中发现娟娟不在家，便四处寻找。娟娟回到家中后，在父母不断追问下才说出了真相。第二天，刘芳拨打电话报警，王平被警方抓获归案，被判入狱3年6个月。

警惕三：男孩子也可能遭到性侵害

“放学早回家”“不要与不认识的人来往”“坐公共汽车要小心坏人”——这是家长们经常嘱咐女孩子的话。而对男孩子，父母们提醒得更多的是不要结交坏人、不要打架滋事等，但是请不要忘记，还有一些事情不说不行，比如：男孩子也可能遭到性侵害。

男性未成年人遭遇性侵害的案例时常见诸报端，所以父母一定要让男孩子清楚这个问题的存在，提醒他们在交往或接受邀请时要多加留心，提高警惕，至少不应仅见过一次面就轻易随陌生人外出。说到这方面的教育，无论父母还是老师总觉得这样的事情说不出口。

案例十五：

有位15岁的男孩因突然不愿上学、不愿见外人引起家长的关注。起初父母以为男孩生病了，后来发现孩子的行为怪异，精神恍惚，容易被惊吓。多次耐心询问后才知道，原来，孩子在住校期间，时常被同宿舍的同学强迫看淫秽图像，并被强迫当众手淫。男孩虽不情愿，但由于害怕同学们的这种“暴力”，无力反抗。多重困扰下，成绩下滑，无心上学。

案例十六：

2011年6月8日晚，河南省新密市15岁男孩杨小强被29岁男子李卫星用匕首逼迫，强行带入其私家车内“强奸”近4小时。此事经过河南商报三次独家报道后，持续引发关注。之前，李卫星被新密警方根据《治安管理处罚法》第44条规定的上限拘留15天，但这种处罚受到了小强家属的抗议，多名律师也表示质疑。这个可怜的15岁男孩遭到野蛮性侵后一度产生了以后出家当和尚的念头，更增加了家人的悲哀。

当记者前去探望小强时，只见躺在窑洞里床上的他用被子将整个身体裹了个严严实实。床头柜上放着火腿肠、方便面、冰红茶、鸡蛋等食物。任凭记者怎么说，躺在床上的他始终不愿说话。

“从9日到今天，都已经20多天了，你看看这孩子，天天躺在床上就不下来，也不吃饭。”86岁的奶奶哭着说。

家长怎样教孩子防范性侵害

性侵害对儿童身心发展的影响很大，不过性安全教育也是潜移默化的，不必非常正式地把它作为一个很大的话题来讨论。可以在饭桌上、闲聊中，课间或者自习时，把某一件已经发生的事情作为故事说给孩子们听。其间，警醒、注意、经验、教训已经在其中了，这就是春风化雨式的教育。孩子们不遇麻烦最好，一旦遇到麻烦也不至于乱了方寸，至少他们还能清楚——我应该怎么办，我能够怎么办。一定要把下面这几点告诉孩子：

背心、裤衩覆盖的地方不许别人摸

面对孩子提示时的用语可以不直接说隐私部位，因为孩子不懂这个词的含义，可以用孩子懂得的说法，对照孩子的身体说，背心、裤衩覆盖的地方不可以随便让别人看，不可以让别人随便摸。这样的方式直观而又明确，孩子也能够按照家长的指示进行操作。

小秘密要告诉妈妈，不保守坏人的秘密

在各种儿童性侵犯行为中，侵犯者往往会用“这是我们之间的小秘密”来哄骗孩子，以防止

孩子告诉家长。许多孩子年龄小，有时候甚至不能分辨这是侵害自己的行为，很可能会听从侵犯者的话。

如果平时就引导孩子有秘密要跟妈妈分享，孩子就会习惯将自己的经历、包括有人对他做一些不正常的举动，而自己也不喜欢这样的事情告诉父母。

不喝陌生人的饮料，不吃陌生人的糖果

用什么诱惑孩子最能成功？答案是孩子爱吃的糖果。无论孩子馋嘴与否，这个是孩子共同的弱点、坏人诱惑孩子的普遍招数，你最好留个心眼，千万要让孩子学会对陌生人给的任何东西不为所动，不吃、不喝陌生人给的食物或饮料。同时，不要让坏人接触自己的食物、水杯等。

不与陌生人说话

坏人通常会用“我是你爸爸妈妈的好朋友”这样的话来诱骗孩子上当，所以家长要告诉孩子千万不要相信不认识的人说的话；并且要教会孩子明确告诉陌生人：家长就在附近，或用“爸爸马上就要来接我”这样的话，把陌生人吓走。

告诉孩子：假如陌生人还缠着

你，就声东击西，趁其不备朝人多的地方跑，大声求救以引起路人的注意。

需要提醒的是，父母要嘱咐孩子"遇事不慌"，千万不要跟随所谓的"好心人"到人少的地方或他的家中。

借助情景教学培养孩子的自我保护能力

利用模型教孩子学会区分隐私部位

可利用人体轮廓示意图，与孩子一起讨论哪些部位是人的隐私部位，不可以被他人触摸。并让孩子在不能被触摸的部位画上圆圈，然后用水彩笔涂上颜色。

设定情景让孩子回答，帮助孩子提高应急能力

＊ 如果有小朋友跌倒，你会怎么办？

＊ 如果有陌生人问你的名字、地址、电话，你会怎么办？

＊ 如果有位叔叔要求你帮忙跟他去找丢失的小狗，你会怎么办？

＊ 放学在回家路上，有人紧跟着你，你会怎么办？

＊ 如果邻居的叔叔抓住你，摸你的大腿内侧，你觉得不舒服，你会怎么办？

＊ 如果你遇到一个男人脱自己的裤子给你看，你会怎么办？

＊ 如果有人要跟你玩游戏，摸你的隐私部位，并且说这是秘密，不能告诉任何人，你会怎么办？

通过模拟情景教会孩子打求助电话

模拟一个具体情景，家长与孩子用玩具电话进行求助练习。

假设爸爸或妈妈生病了，告诉孩子可以拨打急救电话999或120求助；遇到危险情况，比如有坏人要闯入家里，可以拨打110报警电话。要教会孩子记住向接线员说出自己的名字、家庭住址或所在地址，这样会帮助警方很快找到孩子所在的地方施救。要叮嘱孩子不要把电话挂断，一直等到接线员说可以挂断了，再放下电话。

家长可以在日常生活中让孩子思考并回答上述问题，以便使孩子在碰到类似情况时能做出直接的反应，从而更好地保护自己。

在教孩子预防性侵时不妨让孩子多一点叛逆精神

父母不应刻板规定孩子一切要听大人的话，而要教他们学会适当地拒绝别人的要求，比如练习说"不"以保护自己。实际上，孩子的自我保护能力往往超乎成年人的想象。可是，中国家长的一些行为会无意识地抑制孩子的这种能力。对于年幼的孩子，总有许多事物会被家长贴上"禁止"的标签。其实，禁区越少、假话越少，孩子能自我保护的可能性就越大。当儿童面临成年人的侵犯时，日常教育中让孩子养成的对大人的顺从，便会成为帮凶。

侵犯者包括熟人和陌生人，父母可以从趣味游戏中训练孩子的观察能力，以游戏来扮演侦探，培养孩子快速记住他人相貌的能力，也可根据情景训练孩子的应变能力。教会孩子对于熟人的无理要求也要敢于拒绝。

秘密有多种性质，安全的秘密会给你带来惊喜，但危险的秘密则会伤害自己，是不应守口如瓶的。

告诉孩子：秘密有多种性质，安全的秘密会给你带来惊喜，但危险的秘密则会伤害自己，是不应守口如瓶的。

值得推荐给家长的十种具体做法

1. 父母做好衣着得体的榜样，指导儿童合宜的穿着和言行。

2. 教导孩子正确的性观念，通过辅导孩子了解自己身体的部位，让儿童知道身体某些部位是属于个人隐私，别人不可随意触碰，对于不当或不舒服的身体接触，要教会孩子断然说“不”，让孩子学会拒绝任何人哪怕是最亲的人提出的性接触。

3. 让孩子学习分辨不同形式的触摸，哪些是可以的，哪些是不可以的。如：可以摸头、肩膀，不可以摸两腿之间的私处。

让孩子知道不正当的触摸可能来自陌生人也可能来自熟人，不应教孩子只知道提防坏人，而是增强他们对事情的分析力和警惕性，告诉孩子应避免独自在无人的场所逗留。

4. 让孩子知道不正当的触摸可能来自陌生人也可能来自熟人，不应教孩子只知道提防坏人，而是增强他们对事情的分析能力和警惕性，告诉孩子应避免独自在无人的场所逗留。

5. 评估孩子平时上学路线或玩耍的地方是否安全，这有助于孩子确定哪里比较安全。

6. 不要轻易让陌生人得知孩子的名字，免得孩子被误叫时，以为对方是熟人而降低防范。

7. 帮助孩子列出他们认为可以信赖和求助的

大人名单，如亲友、老师、邻居等，并写下应急的联络电话。

8. 鼓励孩子表达感受，接纳他们有惊慌哭泣和发怒的时候，多了解他们的情绪，建立信任和支持的亲子关系。

9. 父母平时多拥抱孩子，让孩子感受正常关爱的接触，以区别侵犯性的触摸。

10. 如果为了锻炼孩子的独立能力，而需要让其独自外出时，家长可以采取悄悄尾随跟踪的方式进行保护。这样既可以保护孩子，又可以达到锻炼孩子的效果。

难点释疑

如何教三四岁的幼儿分清楚哪些触摸是要及时逃开的、哪些触摸是可以的？

身体触摸的感受一般有三种：舒服、迷茫和反感。舒服安心的身体接触有轻拍肩膀、轻摸头部、拖手等。反感的身体接触有扯头发、踢、掌掴、强拉强拖等。迷惘的身体接触有两种情况：一种是一些身体接触不能令人分辨是好或不好，但是感觉不自然；另一种是触摸的人是孩子所喜欢或信任的人，但他所触摸的部位却是孩子不喜欢的，所以令孩子感到迷惘。

家长平时可以和孩子就这些不同的接触方式进行情景模拟，教会孩子在面对扯头发、踢、掌掴、强拉强拖以及一些自己觉得不舒服和不自然的身体接触时要立即跑开，或大声喊叫求助，以更好地保护自己、远离骚扰。

家长如何察觉孩子遭遇了性侵害

如果万分不幸，孩子真的遭遇了性侵害之类的事件，家长怎样才能尽早发现，并尽力将伤害的程度降到最低呢？

心理学家综合研究各种性侵案例发现，孩子受到性伤害以后，性心理的正常发展轨迹会发生改变，孩子会表现出情绪和生理上的问题。情绪上的问题表现为失眠、噩梦、恐惧、饮食出问题、与群体隔离等；生理上会出现生殖器疼痛，做出与自己年龄不符的性行为，缺乏与他人交往的界限等。不仅是对人的回避，还有生理上的回避，比如害怕洗澡，害怕妈妈触摸到自己身体的敏感部位等。性强暴对受害者造成的心理创伤则更深、更复杂，并随着发生时间的远离会发生一些变化。

遭遇性侵害后的未成年人由于年龄和性别的不同，具体表现也有区别，比如：学龄前儿童因为不清楚性侵害是怎么一回事，在遭遇性侵害后通

常表现为感觉害怕、恐惧;大一些的孩子则是担心此事被别人知道,晚上难以入眠,害怕和别人接触,等等,之后可能会演变出更复杂的情绪反应,可能会性情大变,易怒、情绪起伏不定。女孩子在遭遇侵害后的早期则表现为自闭,什么话不说,什么事不做,只是在自己的小房间发呆,几天都不说话;和爸爸妈妈接触时,容易发脾气。这些孩子共同的表现是:情绪很不稳定,容易发脾气,不愿意上学,极度回避事件过程。

所以,如果家长怀疑自己的孩子遭遇了性伤害,可以密切观察孩子的状况,如果孩子突然出现反复做噩梦、不吃饭、呕吐、精神萎靡、莫名恐惧、不愿去上学等异常行为(当然别的情况也有可能让孩子产生上述情况),家长就要引起注意了,可在检查孩子身体后,直接询问孩子。

切记:父母千万不要把紧张恐惧的情绪传染给孩子。

难点释疑

如何尽早发现婴幼儿遭受性侵害?

主动观察和了解

妈妈在洗澡时要不露声色地检查孩子的下身、内衣裤,或身上是否有异常伤痕等。

父母无论多忙,都要细心观察孩子的异常反应,包括变得胆小、爱哭,忽然不喜欢入托上幼儿园,忽然害怕和父母亲热,晚上做噩梦等。

父母可以利用接送宝宝上下学的机会,多和宝宝周围的老师、小朋友沟通,了解宝宝不在自己身边时发生的事,以便能够及早发现异常。

及时捕捉宝宝传递的信息

要相信孩子说的话。很多孩子遇到此类伤害都不愿意告诉大人,但是如果孩子愿意说,家长一定要相信,即使觉得不真实也要自己去求证,而不可当面质疑,甚至责骂、惩罚孩子。

不可忽视宝宝传达的讯息。如果宝宝告诉妈妈自己的小屁屁有点痒,或者其他类似情况,一定不可忽视,有时候宝宝不能很好地表达自己的意思,家长要多加询问,并仔细检查。

孩子遭遇性侵害后家长该怎么做

未成年孩童遭遇性侵害事件并非今日才暴增,问题是一直存在的,可是有些家长教育孩子的观念、知识更新却严重滞后。当孩子遭遇诸如强奸等严重创伤性挫折事件,身体、心灵深受打击时,家人应该如何正确对待孩子,如何对待发生在孩子身上的事情,帮助孩子修复心灵创伤,引导孩子走出心灵沼泽?

噩梦、焦虑、害怕报复、愤怒、害怕男人、学习成绩下降等,通常是未成年人遭遇性侵犯后的心理创伤反应。

噩梦、焦虑、害怕报复、愤怒、害怕男人、学习成绩下降等,这是未成年人遭遇性侵犯后的心理创伤反应。北京大学儿童青少年卫生研究所的陈晶琦研究发现,与没有儿童期性虐待经历的学生相比,有过不幸经历的学生,抑郁情绪、敌意、强迫症状和焦虑的量表得分高,健康状况自我感觉评价得分低,甚至有人在调查的近一年里考虑过自杀。所以，在事件发生当下，对孩子及时进行心理干预非常重要。调查发现，不少孩子内心没有捍卫自己权利、尊严的能力。为什么缺失这种精神力量？这是家长要反思的。如何让我们的孩子从小就学会为了捍卫自己的尊严而不遗余力，真正活得像一个人，有人的品格和品质，这不仅是性教育的问题，更是教育的问题。

给孩子说真话的安全感

相当数量的未成年人对性侵害选择沉默，并不是他们不懂得保护自己，他们多少知道自己受到了伤害，但是他们为什么不告诉家长呢？因为很多父母都不会相信他们说的是真话，父母不相信老师会性伤害学生；而且老师恐吓说"如果你们把这件事情告诉父母，我就打电话给你们的父母，说你们在学校表现不好，让你们的父母惩罚你们。"哪一个孩子能承受得了这样的压力？他们只好选择屈从。

孩子被伤害以后不告诉家长还有一个重要原因：即使家长相信了孩子的倾诉，但是出于种种考虑，往往会选择把遭遇性侵害一事隐瞒掉，不让施害老师受到惩罚。

中国的父母自古信任老师，把老师当作神，而不是当成一个正常人，如果是当成正常人，就应该知道老师也是人，是人就会具备人的特性，那么其他人会犯的错误老师也会犯，其他人会犯的罪行老师也会犯，老师也会有人格缺陷，也会有心理变态。如果我们从这样的角度去看这个问题，我们的孩子会尽早获得保护。

老师也是人，是人就会具备人的特性，那么其他人会犯的错误老师也会犯，其他人会犯的罪行老师也会犯，老师也会有人格缺陷，也会有心理变态。

充分尊重孩子的意愿

如果孩子不想上学，就不要上学；如果孩子想休学，就尽量休学，这样做并不是在纵容孩子，因为遭遇如此创伤，很难短期恢复。这时候家长一定要理解和接纳孩子任何可能的情绪表现和异常行为，因为，面对如此重大的伤害，什么样的反应都不为过，需要多长时间恢复都是合理的。

要避免“二次创伤”

在确定孩子遭遇性侵害后，没有孩子的同意，就不要让太多的人去看望，哪怕是爷爷奶奶等至亲。不要用诸如“当时你怎么不喊救命”“你怎么不逃走”这样的话语来责怪孩子，更不能急于向孩子了解“发生了什么”，因为让孩子重述受侵害的过程会引起二次创伤。特别需要提醒的是，作为法定监护人的父母或家人到公安机关报案后，带孩子录口供时，如果要求孩子讲述事情发生过程，父母一定要注意谈话的技巧，以免孩子再遭遇好像被揭伤疤一样的二次伤害。

给孩子充分“疗伤”康复的时间和环境

帮助遭遇“性伤害”的孩子康复是很不容易的，康复的时间长短也会因为个体差异和方法的得当与否有很大的不同。孩子受到性伤害以后康复结果的好坏取决于父母对孩子的态度,父母要知道孩子受到性伤害不是孩子的错,父母要给孩子全力的支持,告诉他(她)爸爸妈妈依然爱他(她)。只有在父母的这种关爱下,孩子才能够重建自己的自尊和自信。这肯定需要很长的时间,但前提是,父母自己首先要从孩子受到性伤害的事件中走出来,只有这样父母才能够真正地帮助到孩子。如果父母自己不能够从这件事中走出来,那就要及时寻求心理医生的帮助,然后在心理医生的支持下帮助孩子走出阴影,这有可能是一个漫长的过程。

如果条件允许,家长可以寻求专业心理咨询师的帮助,或者在心理咨询师的专业指导下帮助孩子。一定用坚定的语言告诉他(她):"这不是你的错!"坚定而明确的正面回应能直接针对其内心深处的"自我怀疑、自我否定、自我贬低",会有效缓解受害者内心的"自耻感",会有效帮助其完成"自我认知"的重建,促其"提升自我价值"。

要尽力帮助孩子修复生理伤害

在确定孩子遭遇到性侵害后,父母还要与孩子沟通,帮助他(她)做一些生理上的防范,尽可能避免例如怀孕等后续的伤害。在孩子身心最困难的时期,家长的耐心和细心陪伴很重要,真诚地传递出父母家人依然爱他(她)、信任他(她)、理解他(她)很重要,要给孩子足够的时间和耐心,允许他(她)自己慢慢面对和处理。

一旦确定自己的孩子受到性侵害，父母务必在第一时间就报警。家长要保持冷静，在不让孩子“二次创伤”的前提下帮助孩子回忆出完整的过程，注意保存好孩子受害时的内衣，及时固定证据，

父母要拿起法律武器，帮助孩子维护自身权益

一旦确定自己的孩子受到性侵害，父母务必在第一时间就报警。家长要保持冷静，在不让孩子“二次创伤”的前提下帮助孩子回忆出完整的过程，注意保存好孩子受害时的内衣，及时固定证据，也可以在报案后由公安机关对孩子进行身体检查和完成司法鉴定，但切记：家长自己不要大张旗鼓地去“教训”嫌疑人，避免造成孩子隐私泄露，更不可以自己去惩罚施害人，以免自己也触犯法律。

有的家长事发后不是第一时间报警，而是寻求私下和解赔偿，这样做危害无穷。因为这种方式不但会造成施害证据灭失，还可能因耽误时间而影响法官对受害方证言的采信，使施害人逃脱法律的惩罚。

案例十七：

由于未成年人性侵害案件立案难、取证难，所以被害人往往并不主动报案。在某次被统计的340个案件中，不主动报案的案件有36件，占案件总数的10.6%。因为目前公安机关严格的立案标准、取证方式对于未成年人遭受性侵害案件并不适合。某地就曾发生过一件令人心情沉重的案件。15岁的小兰被同村人强奸导致怀孕。在怀孕4个月后父母才发现并报案。但由于没有确实证据，警方无法对犯罪嫌疑人采取强制措施，需要等孩子出生后做

DNA 鉴定，才能将嫌疑人绳之以法。而像这样拿到切实的证据后才能采取措施的取证方式对于未成年被害人来说付出的代价却又过于惨重。所以受害的未成年人及其家长要及时报案，协助公安机关认真开展侦查，以尽早及时地获得足够的间接证据。

● 父母在处理孩子被性侵事件的过程中，要从最大限度保护孩子的角度出发，把握以下 9 个原则 ●

第一时间进行评估和创伤处理

在发现事情的当时，如果孩子的身体受到伤害，父母要带孩子第一时间进行医疗评估和创伤处理，医疗评估可以作为控告罪犯的证据之一。收集能够证明罪犯有罪的相关证据并及时报案。

同时，父母要以孩子能够理解的方式和语言，向孩子解释身体受到的伤害，并告诉孩子身体很快就能够康复。

消除孩子的惧怕心理

父母要态度平静地询问孩子事情发生的具体细节，不要在孩子面前表现出愤怒或吃惊等情绪，那会使孩子受到惊吓，不敢说出实情和具体细节，这样父母就了解不到孩子受到的具体伤害。

要鼓励孩子将全部细节讲出来，消除孩子惧怕被父母责备和打骂的心理。父

母要抱着孩子对他说:“宝贝,你能够将这件事情告诉爸爸妈妈,我们非常感谢你,说明你信任我们!”

但是,如果父母多次重复地询问事情经过,会使孩子担心自己做错了什么,给孩子带来精神压力。所以,在第一次询问孩子的时候要尽量仔细。

让孩子远离侵害者

父母应该让孩子远离对孩子进行性侵害的人。将罪犯绳之以法是最大快人心的事情,但这需要父母收集充分的证据。如果因为没有足够的证据或者其他原因让侵害者未能服法,父母要警告对方或想办法让侵害者远离孩子。

如果施害者是家里的亲戚,要警告他不可以再接近孩子;如果是孩子的老师,父母要警告他不可以再接近并伤害孩子,或与学校协商离开这个班级。总之,远离施害者才能够保护好孩子。

不要让孩子反复讲述被伤害的过程

父母可以让孩子配合公安机关的调查取证,但不要让孩子对公安机关或其他机构如媒体多次叙述被性侵害的过程,因为这会带来一次又一次的心理伤害,加重孩子创伤后的痛苦。

大范围的媒体报道会使孩子陷入同伴关系的

困难中，被同伴孤立或被嘲弄，或将此事作为攻击孩子的材料。

做好安慰工作

对于已经明白这是一场发生在自己身上的灾难的孩子，因为身体完整感和身体形象受到了破坏，孩子会认为自己已经不再是以前那个完美的人了，担心父母不再爱自己。所以，父母一定要经常抱着孩子，告诉他：“你永远是爸爸妈妈的宝贝，我们永远都会爱你！”让孩子明白爸爸妈妈永远不会嫌弃他。

父母更要让孩子从父母的拥抱和言语中感受到坚定不移的爱，这是孩子修复心灵创伤的精神力量源泉。父母尽量不要当着孩子的面发泄情绪和议论此事的处理方式，也不要因此事而显得紧张不安，这会使孩子感觉自己做了什么错误的事情使父母如此不开心。

不要“追究”孩子的责任

父母要让孩子知道，这不是他(她)自己造成的错误。父母不可以责备孩子没有保护好自己，不可以以打骂孩子的方式发泄自己的愤怒，不可以带着孩子上门讨说法，不可以让孩子感觉到父母因此事而丢脸，这些做法都会让孩子感到失去最后的保护之地而陷入绝望的深渊。

在生活和学习上更加关心孩子

父母要理解受到性侵害的孩子出现的心理创伤行为，受害孩子会出现注意力不集中、成绩下

降、无心做作业等问题，这是孩子的心理创伤反应，不是孩子学习态度的问题。

老师要给予受害孩子更多的宽容和关爱，耐心等待并帮助孩子从创伤中恢复。父母要与老师及时沟通孩子的心理状况，及时了解和帮助孩子。

及时与心理医生沟通

父母要寻求专业心理医生来帮助孩子，及时与心理医生交流孩子的状况，配合心理医生帮助孩子进行心理康复，这对孩子的身心康复非常重要。

及时采取措施防范孩子再次被侵害

在受害孩子转入正常的生活和学习之后，家长和学校要加强对孩子进行预防性侵害的教育，同时采取必要的防范措施，避免再次发生对孩子的性侵害。例如经常与孩子谈心、与老师交流等。

但是，在校园性侵案中，如果学校没有尽到法律规定的应尽的安全保障义务，对于学生受到伤害具有过错的，应当依法承担相应责任，家长可以另行提起相应的民事诉讼。

难点释疑

如果女儿遭遇性侵，家长该如何做？

答案：1. 保存证据；2. 报警；3. 安抚孩子；4. 在司法过程中保护好孩子。

其中特别要展开说明的是：当性侵害事件发生后，为了避免对受害人的二次伤害，家长有义务告诉受害孩子，这不是她（他）的错；尊重并保护受害孩子的隐私权，做好保密工作；了解事实真相，鼓励受害孩子说出真话，并给予支持和安全感；安排受害孩子去医院检查，并接受心理辅导，保存好受害证据。

在这个时候，家长应该为其灌输新时代女性先进思想，有必要的话去医院做处女膜修复手术，让她每天都开开心心。经常带她去游乐场、公园等地方散心，短时间内不要让她看电视（现在的电视中强奸情节和相关的新闻报道太多了，还有一些血腥暴力的画面，不要让她接触，免得引起触动）。对待她和平常正常女孩子一样，不要让她觉得被嫌弃或者不公平。久而久之，就会遗忘，淡化。必要时买一些防身用品给她（比如尖叫报警器、防狼喷雾），让她觉得有安全感。

他山之石：美国家长怎样教育孩子防范性侵？

在美国，孩子被强暴和性骚扰是刑事重罪，施害人会受到严厉的法律惩处。为了避免孩子遭遇强暴和性骚扰，美国父母从孩子幼年时就开始对他们进行性安全方面的教育。幼年教育有两个阶段，学校教育有四个阶段。也就是说，从出生到18岁，美国的孩子在成长的六个阶段都要接受根据年龄段设计的防止强暴和性骚扰的教育，以拥有完备的防性侵意识。具体教育内容如下。

2岁至4岁

认识性器官

对于性器官，不要一味隐晦表达，阴道就是阴道，阴茎即说阴茎，清晰准确的说法有助于孩子正确了解性。

保护隐私部位

告诉孩子，除了他自己、父母或者医生（或者其他特别亲密的人）之外，任何人都不应该触摸他的隐私部位。如果有人这样做，立刻告诉父母。

鼓励孩子倾诉

不管孩子感觉到困惑或是恐惧，都鼓励孩子向自己倾诉。

5岁至8岁

尊重孩子的感受

如果孩子对别人的拥抱或亲吻感到厌恶或不快，请支持孩子的做法，向对方解释“孩子现在不想被抱，请理解”。

去掉罪恶感

永远不要等事情发生再去补救。恐吓和羞辱常常是行凶者最有利的武器。因此，让孩子明白，但凡有人做些令人不舒服的举动时，这都是坏人的罪恶，自己要懂得去向别人求助和倾诉。洗澡时告诉孩子：“有些大人会对孩子做一些不好的行为，而

爸爸妈妈会保护你的安全,如果你感觉不舒服,随时都可以告诉我们。”

不单独上网

这个年龄段的孩子不适宜单独上网。限制孩子上网,有助于杜绝他们把个人信息透露在网上。

9 岁以上

强调这不是他们的错

孩子逐渐长大,可能出现来自同龄人的性骚扰,孩子自身的发育也让侵犯者更加有机可乘。找机会和孩子谈谈这方面的事,也可以来个“头脑风暴”,研究在各种不舒服的情况下如何脱身。另外,始终强调如果别人对她(他)行为不端,并不是她(他)的错。

远离色情信息

互联网、手机、电影等都可能让孩子接触到色情的内容,尽量避免孩子接触到,并向其解释这些信息的弊端。尤其对女孩,要让她们明白自重和自尊是女性最重要的品质之一。

拥有值得信任的伙伴

有时候,性隐私的事情孩子难以向父母启齿,所以家长可以让孩子拥有一个值得信任的伙伴,并且能在孩子遇到类似困惑时及时得到孩子的信息。总之,对孩子及早教育,培养他们的自我防护意识,多和其老师、朋友沟通,留心孩子的异常变化或者心情波动,就会让孩子受到从内而外的保护。

学校必读篇

你具备哪些优良的素质啊.
——校长
招聘
啊！校长，我非常富有爱心，小孩子们都很喜欢我……

近年来,校园性侵害案件频发,既有施害者潜入校园作案的,也有老师甚至校长堕落为施害人的,这就使得学校性安全教育显得十分必要和迫切,本手册特设预防校园性侵害的内容,具体包括学校应如何教育未成年人防范校园性侵(既有校外施害者也有校内施害者)和学校应如何加强教师管理制度两个方面,本篇的侧重点在后者。

加强对学生的性安全教育是学校教育的重要内容

对于学校来说,加强对学生的性安全教育有利于使学生掌握预防性侵的武器,学会保护自己,具体可以从以下方面入手。

通过合适的教学手段对学生进行性安全教育

未成年学生对来自教师的性侵害行为之所以较少进行反抗,除了其敬畏教师、自身力量弱小等原因之外,其自身关于性方面的知识较为贫乏,关于预防性侵害的知识和技能较为欠缺也是重要原因。而学龄期未成年人的性教育任务远比学龄前的性教育更重要、也更复杂,学校要对此予以充分的重视。

我国早已把对学生进行适当的性知识教育和性安全教育列入教育计划和大纲。教育部于 2007 年 3 月发布的《中小学公共安全教育指导纲要》中要求：

小学4—6年级要了解应对性侵害的一般方法，提高自我保护能力，初步了解青春期发育基础知识，形成明确的性别意识和自我保护意识；

初中年级要学会应对性侵害等突发事件的基本技能，了解青春期常见问题的预防与处理，形成维护生殖健康的责任感，了解艾滋病的基本常识和预防措施，形成自我保护意识；

高中年级要掌握预防艾滋病的基本知识和措施，正确对待艾滋病毒感染者和患者，学习健康的异性交往方式，学会用恰当的方法保护自己，预防性侵害，当遭到性骚扰时，要用法律保护自己。

教育部于2008年12月发布的《中小学健康教育指导纲要》中规定：

小学一、二年级学生要知道“我从哪里来”的有关知识；

三四年级学生要了解身体主要器官的功能，学会保护自己；

五、六年级学生要知道青春期生长发育特点、男女少年在青春发育期的差异、女生月经初潮及意义、男生首次遗精及意义、青春期的个人卫生知识等；

初中阶段要学会识别容易发生性侵害的危险因素，保护自己不受性侵害；

高中阶段要了解婚前性行为严重影响青少年身心健康，避免婚前性行为，了解艾滋病的预防知识和方法等。

上述两个《纲要》明确提出了各个年龄阶段性教育的目标及内容，为中小学校进行性知识教育和预防性侵害教育提供了指导依据。

学校在对学生进行性安全教育的过程中，首先要着力让未成年学生了解隐私权、身体自主权、性侵害的含义，让学生明白身体是自己的，任何人不得随意触碰；自己的身体可以分为“可触碰区域”和“不可触碰区域”，对于“不可触碰区域”，特别是隐私处，除父母为自己洗澡或医生检查身体等少数情形外，应当拒绝任何触摸；对于让自己感到不舒服、不自在的身体接触，无论对方是谁，都可以拒绝让其触碰或靠近；如果别人摸了自己并授意甚至恐吓自己要“保守秘密”，那么千万别害怕，一定要告诉父母、自己信赖的老师或其他成年人，否则事情只会变得更糟。

学校在对学生进行性安全教育的过程中，首先要着力让未成年学生了解隐私权、身体自主权、性侵害的含义，让学生明白身体是自己的，任何人不得随意触碰。

其次，学校要让未成年学生明白，对未成年人实施性侵害不仅严重损害了他们的身心健康，而且也严重触犯了法律，应当受到法律的严惩。

再次，学校还应当向未成年学生传授防范性侵害、实施自我保护的知识和技能。例如：教育学生，陌生人或熟人都有可能是性侵害的施害者；外出、上学或回家的路上要结伴而行，不要在无人的地方停留；和异性独处时不能关上房门，不要独自去异性的宿舍；不要轻易接受陌生人或他人的饮料和食品；在他人欲对自己实施性侵害时要大声呼叫。另外，在保证自身安全的情况下可以采取如下方式自卫：用手指戳刺对方眼睛，用膝盖顶撞对方裆部（前两者可同时进行），用肘部猛击对方胸部,伺机快速逃跑。

如果不幸遭受性侵害,要及时告诉家长或老师,同时不要急于清洗身体,要注意保留相关证据,并按照有关部门的安排及时到医院检查、治疗等。

总之,要教学生学会自我保护,包括怎样识别坏人,怎样逃避坏人的追踪,怎样反抗以及运用法律武器等。

国外教育机构怎样对学生进行性安全教育?

对未成年人的性安全教育,本手册在“家长必读”部分已有较为详细的介绍,下面以美国学校的防性侵教育“性侵害、性攻击、性暴力和性骚扰”课程讲授大纲和德国教育中小学生防性侵的经验为例,对校园防性侵教育作一些示范性介绍。

● 美国学校的防性侵教育 ●

美国校园对未成年人的防性侵教育是分阶段按年龄实施的,具体有以下阶段。

针对幼儿

1. 每个孩子的身体是属于自己的。

2. 某些成人接触孩子的身体是正常的,例如:父母给孩子洗澡,医生或护士给孩子检查身体。

3. 如果某人接触你(指孩子)的身体,使你感到害怕、滑稽或惊讶,你一定要告诉家长。

针对学前儿童

1. 当孩子不想被其他人接触身体时,可以明确告诉他人。

2. 孩子在盥洗室里，成人可以帮助他(她)清洁阴茎或阴户。

3. 一个大人在没有正当理由时，去观察和触摸某个孩子的阴茎、阴户或会阴部，这是错误的。

4. 如果某人触摸你(指孩子)后要你保守秘密，你一定要告诉家长。

5. 如果某人触摸你(指孩子)让你迷惑不解，你也一定要告诉家长。

6. 如果一个成年人用不正常的方式触摸或观察孩子，孩子本身是没有错误的。

7. 多数成年人从未虐待过孩子。

8. 无论是男孩还是女孩，都有可能遭遇性虐待。

第一级，针对5—8岁(小学低年级阶段)

1. 人的身体是属于自己的。

2. 身体的每个部分是个人的隐私，应受到尊重。这些部位包括嘴唇、乳头、乳房、胸部、阴茎、阴囊、阴道、阴户和臀部。

身体的每个部分是个人的隐私，应受到尊重。这些部位包括嘴唇、乳头、乳房、胸部、阴茎、阴囊、阴道、阴户和臀部。

3. 没有人可以随意触摸儿童身体的隐私部分，除非是健康原因或清洁身体。

4. 儿童也不能触摸其他人身体的隐私部分。

5. 儿童性侵害是指某人触摸了某个儿童身体的隐私部分，而并非健康或卫生原因。

6. 性侵害也指某人要求儿童触摸他/她的身体的隐私部分。

7. “男孩/男人”或“女孩/女人”之间也可以出现性侵害。

8. 每个人，包括儿童，都应告诉他人，当一个人不想被触摸时，不要去触摸其身体。

9. 如果一个儿童遭遇了不适当的或不舒适的触摸，他/她应告诉一个可信赖的成年人，成年人应为他/她保守秘密。

10. 儿童可能受到一个陌生人或熟人的性侵害。

11. 如果某人甚至某个家庭成员对男孩/女孩进行了错误的或不适当的触摸，孩子是没有过错的。

12. 如果一个陌生人企图接近一个男孩/女孩，儿童应赶快跑开，并告诉父母、老师、邻居或其他成年人。

13. 多数人从不虐待儿童。

第二级，针对9—12岁（小学高年级阶段）

1. 性侵害是很普遍的，即使许多人不想谈论它。

2. 性侵害通常是由孩子认识的人来施行的。

3. 性侵害的施行可以是一个成人、一个青少年或者一个儿童，可以是男性也可以是女性。

4. 大多数的性侵害包含了隐私、贿赂、欺骗、恐吓或暴力。

5. 如果一个儿童遭遇了不恰当和不舒适的触摸，他/她可以告诉一个自己信赖的成年人。如果这个成年人不可信赖或不能帮助他/她，儿童可以告诉另一个可靠的成年人，直到能得到有效的帮助。

6. 性侵害可以包括也可以不包括触摸。

7. 当人们在进行性侵害时，他们可能出现许多矛盾的情感，包括情绪困惑、愤怒、恐惧、犯罪感、惭愧、孤独、无价值、沮丧和无助感，或者情绪特殊、爱恋、需求和照顾，许多人都在帮助有性虐待倾向的年轻人，比如学校咨询师、老师、医生、宗教领袖和警察。

8. 尽管在网络上聊天和视频可以娱乐身心，但应小心谨慎，因为这也可能是不安全的。

9. 某些人利用互联网欺骗年轻人进入性侵害的情境。

10. 性骚扰是一种有害的和强迫的性关注，例如：戏弄、触摸或辱骂。

11. 性骚扰是违法的。

12. 了解所在学校关于性骚扰的法规。

第三级，针对12—15岁（初中阶段）

1. 性侵害的性接触，包括了接吻、侵害者触摸隐私部位、触摸侵害者的隐私部位、被侵害者强求触摸自己的隐私部位，或者是阴道性交、口交或肛交。

2. 性侵害不包括展示色情电影、杂志、网站或其他媒体，不包括拍照、摄像或录音，也不包括观看性的表演。

3. 性威逼是指一个人使用威胁或武力，以便与他人发生性行为。

4. 没有人可以强迫另外的人进行任何形式的性行为。

5. 性攻击是指一个人强迫和他人有任何一种亲密的性接触。

6. 性攻击可能发生于身体暴力或心理威胁。

7. 性攻击时,无论是阴道或肛门被插入,都称为强奸。

8. 男孩/男人和女孩/女人都可能被性攻击,尽管更通常的报道是针对女孩/女人的。

9. 实施性攻击的人往往不易看出是坏人。

10. 由一个熟人、朋友或在约会时的性攻击,通常称为熟人强奸或约会强奸。

11. 一个人没有任何理由强迫他人从事任何类型的性活动。

12. 性攻击是一种犯罪。

13. 一个受到性攻击的人应马上报告警察,且警察应马上开始调查。

14. 在潜在的性攻击境遇中,能进行自我保护的措施包括学习自卫技术、评估处境是否危险、避免饮酒和服用其他药物、开发自信的技能。

15. 不是所有的性侵害、性攻击、性暴力和性骚扰都能被阻止。

16. 家庭暴力是指在情人约会、共同生活或婚姻状态中,对有亲密关系的人进行的心理生理的性侵害。

17. 在情人约会期间实施的心理/生理的性侵害,也称为约会暴力。

18. 有性侵害、性攻击、或家庭暴力经历的许多人,往往在他们的生活中的一些有某种意义的时候实施性虐待。

19. 许多社区资源能帮助已遭遇性骚扰、性攻击或其他暴力形式的个人，包括咨询顾问、教师、医生、宗教领袖、强奸危机中心、家庭暴力组织和警察。

20. 性骚扰可能发生在多种场所，包括学校、工作场所和课外活动场所。

21. 在某个社区，你可以打电话获得性侵害、性攻击、家庭暴力或性骚扰的信息。

第四级，针对15—18岁（高中阶段）

1. 遭遇性侵害或性攻击的人可以从社会支持机构、咨询机构和保健机构获得资助。

2. 是否报告性侵害、性攻击、性暴力或性骚扰，是个人的决定，但受害者做出这个决定有时是困难的。

3. 从性侵害、性攻击、性暴力或性骚扰的报告中调查或判定其结果，分析受害者的遭遇是困难的。

德国中小学生的性侵教育

德国人一向以严谨刻板著称，德国法律对性侵儿童的定义也很严格，它不单是指成人与儿童身体私密部位的接触，非身体接触的行为比如向孩子裸露性器官，展示或者与其一起观看黄书、黄片，拍摄和传播儿童黄片等同样属于性侵害。

德国法律规定，成年人或者 14 岁以上的青少年，对未满 14 岁的儿童有上述行为，均属于性侵儿童，理应受到法律的制裁。14 岁以下的孩子不管当时是被迫或者自愿，都不应承担任何法律责任。德国法律认为，14 岁以下的儿童，其情感和心智的发育还未成熟，达不到对任何性行为负责的程度，故只能是受害者。

德国防范性侵儿童分为三方面：联邦警局和民间组织发起的大规模宣传活动，幼儿园与学校的启蒙教育以及家长对幼童的教育。

2013 年 3 月，德国联邦警局携手州级警方和民间受害人协会，一同发起“预防儿童遭性侵，控告就是保护受害人”的大型宣传活动，通过大张旗鼓的宣传，进一步引起社会各方对儿童遭性侵的关注，让父母、监护人和每一位成年人，包括老师、教练、邻居和朋友，都具备一定的预防儿童遭性侵的常识，共同来保护未成年人。同时，鼓励受害人提出上诉，用法律手段将罪犯绳之以法。

让父母、监护人和每一位成年人，包括老师、教练、邻居和朋友，都具备一定的预防儿童遭性侵的常识，共同来保护未成年人。

联邦警局的这个活动主要是针对成年人的，并且强调，只有成年人才能帮助孩子避免可能遭到的性侵害和终结已经发生的不幸。

成年人应该知道的有关常识如下：性侵儿童，人们往往联想到来自陌生人的暴力强奸，事实上，70% 的案件发生在孩子的日程生活中，比如家庭、邻居、学校、课外活动等。罪犯男多女少，他们往往利用孩子对他们的喜爱、依赖和信任来实施犯罪。这些人渣不分社会阶层、教育水平和年龄，而且并不一定患有所谓的心理疾病，有的只是以孩子为对象的不正常的情色幻想，这类罪犯追逐的是变态的生理和权力欲望的满足。德国联邦警局的这个宣传活动详细讲解与性侵儿童有关的每个关键词的确切含义，提供了各方面的重要信息：如何防范、如何觉察孩子遭到性侵、如何帮助遭到性侵的孩子，如何对其进行心理辅导，如何报案，以及如何进行起诉程序。

未雨绸缪，让未成年学生避免受到可能发生的伤害，是每一位老师的愿望。德国幼儿园和小学的做法颇为值得借鉴。在幼儿园里，从孩子5岁开始，老师通过念故事的方式，进行最初的启蒙教育，介绍一些最基本的概念。告诉孩子身体各个部位的名称；人有哪些喜怒哀乐；教育孩子不能跟着陌生人走；不能告诉陌生人自己的姓名，更不能相信他们的花言巧语。告诉孩子坏人有哪些惯用的伎俩，比如他们深谙孩子喜欢小动物的心理，利用孩子的同情心，向孩子出示小猫小狗的萌照，编造它们是如何可怜，没有人收养，并就住在附近，可以让孩子去领养，等等。

德国小学在四年级的时候，开始对孩子们进行生理卫生教育，会涉及有关性的各个方面，讲婴儿是怎么来的，怀胎十月是咋回事儿，如何避孕，什么是恋爱，女孩子

的生理周期等，目的是让孩子初步了解和懂得性的知识，打破性的禁忌。联邦教育局编写有统一的教材——三套本，一本讲解专业词汇，一本故事书和一本小册子，老师还在课堂上分发阅读材料，设有讨论课和课后作业，并请当地医院的助产士和女士讲解月经、生产等题目，回答孩子们的提问。

类似的教育也可以在家庭中进行，德国书店里、官方网站上都能找到相关的文章，非常详细，有对与防性侵有关的各个条目的具体解释，有给家长的，也有给孩子的。这些浅显易懂的儿童画册很受家长青睐，有些图书再版十多次，书中图文并茂地告诉孩子，人类有着丰富的情感，会与自己喜欢的人有肢体接触。每个孩子都是独立的个体，应该有自己的直觉、感受和判断，可以欣然接受，也可以拒绝任何的身体接触，无论对象是陌生人、长辈、亲戚、朋友、客人，还是老师和教练。孩子有权利对任何人说："不，我不喜欢你亲近我。"这与礼貌和教养无关，每个人的身体只属于自己。只要自己感觉不舒服，都有权利对一个看起来很友善、很关心自己，对自己很重要的人保持距离，甚至大胆清楚地告诉对方说："我不愿意。"这些绘本读物很可爱，有的上面还有练习题，设置不同的场景，让孩子从三种选择题里自己先作判断，书后有正确答案和解释可供参考和学习。这种读物意在培养孩子的自信和独立，胆量是练出来的，远离觉得不安全或者感觉怪怪的人和事，是幼童们保护自己的第一步。德国有专门机构提供免费的热线电话，由专家给予咨询和讲解，也有机构提供相

无论对象是陌生人、长辈、亲戚、朋友、客人，还是老师和教练，孩子都有权利对任何人说："不，我不喜欢你亲近我。"这与礼貌和教养无关，每个人的身体只属于自己。

关的培训课，而且还鼓励母女一起参加，系统地训练母亲和孩子大胆说“不”，让她们学会如何解决尴尬的场面，培养胆量和自信。

防范教师对学生的性侵害是校园管理的重点和难点

教师的性侵害犯罪是目前比较常见的一种犯罪类型，也是教师犯罪中最主要的一种类型。近期以来教师性侵害犯罪的报道也是层出不穷，屡屡见诸报端。学校应当本着对学生的安全、对教育事业高度负责的精神，建立防范校园性侵害案件的安全管理制度，对学生开展预防性侵害教育，严把教师的入口关，从加强对教师的教育和管理入手，保护学生免受校园性侵害。

什么是教师性侵害犯罪

教师性侵害犯罪是指教师或其他教育工作者在教育教学过程中，利用自己的特定身份对未成年学生进行强奸、猥亵的犯罪行为。

本书中的“教师”使用的是广义的概念，即“在学校以及其他教育机构中履行教育教学职责的专业人员”，包括学校中的专任教师；代课教师；教育教学管理人员；教学辅助人员；学校的工人，如学校后勤、食堂等部门聘用的正式或临时职工。以上这些人员都有可能利用自己是学校工作人员的特定身份对学

生实施性侵害犯罪。

该种犯罪的犯罪对象是女性学生或者未成年的男性学生,客观方面表现为罪犯利用自己的教师身份,采用暴力、威胁或者其他方法对女性学生实施强奸、猥亵行为或者对男性未成年学生实施猥亵行为。

案例十八:

被告人陈某某今年51岁,是龙泉市某乡镇中心小学教师。2012年6月的一天晚上10点至11点,陈某某在学校值周期间,以检查住校女生是否按规定睡觉为名,来到该校女生宿舍二楼,开门入室。悄悄地走到当时尚未入睡的11岁女生小青(化名)床边,伸手掀开孩子的睡衣和内裤,用食指抠摸小青下体。由于害怕被老师发现自己没有入睡,小青一直不敢吭声。

陈某某的行为给小青造成了很大的身心影响,之后孩子不仅对老师、学校心生恐惧,而且还发现自己身体的不适。直到半年后的一天,小青的妈妈发现女儿突然不肯上学又一直喊肚子疼,而带小青上医院检查,这才案发。根据2013年10月24日我国出台的《关于依法惩治性侵害未成年人犯罪的意见》,龙泉市人民检察院就该案中被告人陈某某属于对未成年人负有特殊职责的人员,其进入未成年人学生集体宿舍实施猥亵未满十二周岁的幼女的犯罪属于从重惩处“重上加严”的情形,向法院提出应当从重处罚的量刑意见并被采纳,陈某某因犯猥亵儿童罪,被判处有期徒刑五年六个月。

教师性侵害犯罪行为的特点

● 被害人低龄化使得教师性侵害犯罪比较容易得手 ●

犯罪手段恶劣

教师性侵害犯罪既遂的比例是相当高的，在犯罪人利用其特殊身份进行犯罪时，许多学生都迫于犯罪人的特殊身份，不敢反抗，不敢拒绝。这就为犯罪人的犯罪创造了有利的条件，使其在长时间内为所欲为。而且一旦得手，往往又将目光转向更多的犯罪目标，且犯罪手段也愈加恶劣。

犯罪行为隐蔽

一方面，学生对于自己性方面受到侵害难以启齿，或担心对自己实施犯罪的是自己的班主任、任课教师或者学校的其他教职工，反映情况后会遭到打击报复或不了了之，因而不向学校求助。另一方面，许多受害学生的家长因为担心举报后会给孩子的身心健康带来更大的负面影响、孩子的隐私会被暴露等因素，往往采取退学、转学甚至忍气吞声的处理方法，而拒绝向有关部门举报、提供线索、指认罪犯或者接受调查。因此，当教师性侵害案件发生之后，有关部门很难得到案件的具体信息，导致了该犯罪行为的隐蔽性。许多犯罪分子恰恰是抓住了受害人及其家长的这种心理，肆无忌惮地反复作案。

犯罪的社会危害大

学生受到教师实施的性侵害后，往往心理压力较大，对学校和教师产生恐惧感，逐渐变得孤僻、自卑，产生很强的厌学情绪，甚至逃学、退学，严重的还会导致被害学生精神失常或自杀，也有的学生自暴自弃，以致走上犯罪道路。因此，该类犯罪会产生极强的社会危害。

怎样防范教师性侵害犯罪

严把教师的入口关

对学生而言，来自教师的性侵害行为往往让其防不胜防。当教师将犯罪的双手伸向自己的学生之时，其后果将是灾难性的。鉴于教师职业的特殊性，教育行政部门和学校应当建立严格的教师行业准入制度。富有爱心，遵纪守法，具有良好的品德和健康的心理是从教者的必备条件，不具备者不得从事教师职业。对于因故意犯罪而受到刑事处罚的人，或者品行不良者，教育行政部分不得授予其教师资格，已经获得教师资格的应当依法撤销其教师资格。学校在招聘教师时，应当严把品德关、心理关，仔细审查应聘者的档案，不得录用因故意犯罪而受过刑事处罚的人、有精神病史的人或者品行不良者担任教职工。必要时，学校应当委托专业机构对应聘者进行心理测试，对心理异常者要慎重录用。对于因故意犯罪而受到刑事处罚或

患有精神疾病的教职工以及品行不良、侮辱学生、影响恶劣的教师,学校应依法予以解聘。

加强对教师的法制教育和师德教育

一些教师之所以走向犯罪,往往与其法制观念淡薄有关。生活中,除非是自己遇到了法律纠纷,相当一部分教师不会主动去学习法律知识。因此,除了新任教师上岗前必须接受法制教育之外,学校还应当邀请法律专家定期对教师开展法制讲座,引导教师学习《教师法》《未成年人保护法》《预防未成年人犯罪法》《中小学幼儿园安全管理办法》《学生伤害事故处理办法》《刑法》《民法通则》《侵权责任法》等与教师的职业、生活密切相关的法律、法规、规章。通过法制教育,重点让教师了解普通公民的权利和义务,了解未成年人所享有的合法权益及所受到的专门保护,了解教师所享有的权利、所应承担的义务和责任,从而增强教师的法制观念和模范守法的意识,提高其保护学生的自觉性和主动性。在预防教师性犯罪问题上,要让教师熟悉与性侵害相关的法律条款,了解相关罪名及违法者将要承担的法律后果,让教师认识到保护学生免受性侵害的重要性。

在预防教师性犯罪问题上,要让教师熟悉与性侵害相关的法律条款,了解相关罪名及违法者将要承担的法律后果,让教师认识到保护学生免受性侵害的重要性。

法律是道德的底线,违法犯罪是思想腐化、道德败坏的产物。教师是一个神圣的职业,从教者应当有崇高的理想和追求。现实中,一小部分教师经受不住一些负面东西的诱惑,放松了对自己的要求,做出了违背师德的行为,甚至滑向犯罪的深渊。鉴于此,学校应当以《中小学教师职业道德规范》为参照标准,强化师德建设,经常性地对教师开展师德教育，并建立相应的考评机制，确保教师的职业道德水准。

案例十九：

2013年7月27日，在杭州打工、老家在湖北的彭女士向交通91.8打来求助电话，原来她年仅7岁的儿子遭遇老师性侵并因此得了性病。她的儿子在武穴市龙坪镇沙墩村上小学，儿子说老师每天都买好零食，让他在厕所的一个死角等，性侵有半年之久。孩子被查出患有尖锐湿疣，肛门外部都是肉瘤。

由于家里条件不好，彭女士在孩子刚满月的时候就到杭州九堡做服装。3年后，有人介绍，去了广州。只有放暑假时才会带孩子去广州看爸爸。“我给他洗澡，发现屁股长东西，后来发现自己抹药没用，我就带他去医院，梅毒艾滋病检查都做了！”

彭女士已经在当地派出所报案，湖北武穴当地派出所教导员表示警方会大力搜集证据，将嫌疑人绳之以法。根据这个受害的孩子描述，班里还有其他的同学也曾受到这个老师的侵犯，目前犯罪嫌疑人的身份已经确定，他确实是一名小学老师。整个案件还在进一步调查中。

完善学校的管理制度，加强对教师在校行为的管理和监督

现实中，发生未成年学生遭受性侵害案件的学校，往往也是管理松散、相关制度不健全的学校。对于学校而言，为了保证教育教学活动的效率，学校有权也应当对教师在上班期间的行为进行必要的管理和约束，以防止个别教师失职甚至“出轨”。

在预防校园性侵害事件的问题上，学校应当根据本校的实际情况，制定教师履行职务行为的守则，对教职员工在履职期间的言行进行必要的规范。比如规定，教师应尽力避免与学生发生身体接触（体育课上教师进行个别辅导和保护除外），尤其是对异性学生更是如此；上课期间不得随意让学生离开课堂；对学生进行个别谈话或辅导，只能在教室、会议室、办公室等公共场所进行，且不得关闭房门；在没有第三者在场的情况下，教师不得在教室、办公室或其他相对封闭的地点单独留下异性学生进行谈话或辅导；放学后留堂应当事先征得学生家长的同意，并通知班主任或其他主管教师；等等。学校通过对教师的言行进行规范和管理，将能减少、消灭发生意外事件的时空条件，最大限度地保护学生的安全。此外，学校还可以通过定期向学生、学生的家长乃至社区开展问卷调查的方式，对教师的教育教学及师德情况

进行评价，从各个方面强化对教师的监督和管理。

案例二十：

2011年9月，广东茂名电白县一名50岁的小学教师因涉嫌强奸一名未满13岁的女学生被电白县检察院提起公诉。这名教师以“帮批作业、改试卷”等为由，多次将女学生诱骗至自己的单身宿舍实施强奸。2011年7月初，家属获悉该女生被强奸后，与教师理论，对方欲用5万元私了，遭女生母亲拒绝并报案，由此该教师已对多名女学生实施多年的性侵罪行终于暴露，并遭到了法律的严惩。

正确处理校园性侵害案件

明确校园管理者的责任

在当前的教育背景下，学校往往只注重升学率，把分数作为评价教师的唯一尺度。学校的注意力只集中在学生管理以及教师的教学成绩上，而对于教师教学成绩以外的情况缺乏相应的制度约束。很多学校领导的思想过于麻痹大意，对教师的思想状况、心理状况缺乏必要的了解和正确的引导。有的学校对犯罪分子连续几年持续在学校实施犯罪的情况一无所知；有的学校甚至在教师性侵害的案件发生以后，为了维护学校和教师的声誉，企图大事化小，小事化了，将事件掩盖下来。这些错误的管理观念导致了教师性侵害案件的频发。

针对以上问题，教育部、公安部、司法部在2003年的三部委联合通报中指出："校长是学校的第一责任人，负领导责任。学校管理松懈，发生教师性犯罪事件的，要坚决依法追究校长、教育行政部门领导和相关管理人员的责任，严重的要撤销行政职务和开除公职。学校发生危害学生的性犯罪案件时，要立即向上级和公安部门报告，积极协助公安、司法部门尽快侦破案件，惩办罪犯。对推卸责任、延缓上报的要追究学校领导的行政责任，对包庇罪犯、隐瞒不报的要坚决依法追究有关领导及相关责任人的法律责任。对于违反教师资格制度，造成被录用的不具备教师资格的人对学生进行性犯罪的，要从严从重查处徇私舞弊的相关责任人。对教师性犯罪知情不报的教师，要开除出教师队伍，永不录用。"因此，学校的领导一定要对此问题给予高度的重视，采取各种可行的措施加以预防。

学校发生危害学生的性犯罪案件时，要立即向上级和公安部门报告，积极协助公安、司法部门尽快侦破案件，惩办罪犯。

案例二十一：

2012年6月27日00:03分，"97－3班牛"在微博发出控诉："他曾多次以'检查身体'为由，对男性在校中学生做出有违师德的举动。作为当年的受害者和知情人，我们决定不再沉默，实名向公众证实此事。"随后，华东师大二附中97－3班多名同学实名在该微博下留言，表明自己当年曾是受害者。有当事人说，此事是高中阶段一件让自己十分羞愧困扰的事件。

另一名当事人在微博中袒露自己的心路历程:“多年以来时常揣摩过去15年里,有多少二附中的学弟与我有相似的经历。我每次都以‘他可能不直接授课接触学生’或者‘他年纪大快要退休了’为自己懦弱内疚的心找个借口。如今身为人父,面对即将入学的孩子,我突然感到无地自容。今天站出来,给自己良知尚存的心一个交代。”

还有一位当事人说:“那些年,他是传奇。得到他的特别辅导,我以为可以创造辉煌。辅导后他的‘亲密接触’,我以为这是良师的关爱。‘特别’在继续,我开始怀疑、恐惧……最终我没能创造辉煌,可他还是传奇。这些年,已为人父,才重拾勇气站出来,有些晚,但也许还不那么晚。希望这久违的勇气能保护我们的未来。”

6月28日13点,华东师范大学第二附属中学的微博就此事发出公告:华东师大二附中原副校长张大同,因有违师德的行为,经研究予以免职解聘,同时提请华二民办初中董事会免去张大同兼任的校长职务。

保护和帮助受害学生,使之免受“二次创伤”

如果不幸发生了未成年学生在校遭受性侵害的案件,学校应当予以高度重视,并本着对学生、对社会高度责任的态度,及时采取恰当的应对策略。

许多学生在受到性侵害后往往不知道向谁求助，又因为性侵害涉及自己难以启齿的隐私，所以很多受伤害学生即使是家长也不愿意告诉。很多家长不愿意向有关部门反映的一个重要原因就是不愿意让自己的孩子受到“二次伤害”，即孩子有可能在接受有关部门的调查时，因为受害隐私泄露、回忆心灵创伤等原因而再次引起心理上的伤害。

学校有必要针对受到性侵害的青少年建立一套相应的侦办和审理程序。在上报案件的同时，学校还应当做好对受害学生的保护工作。鉴于性侵害案件的敏感性，学校知情人员应当特别注意保护受害学生的隐私，不得向无关人员泄露受害者的姓名及相关案情信息，防止受害者受到多重伤害。例如，对受伤害女学生的身体检查应当由专门的女医师和女警员进行；对受害学生的询问尽可能在一次完成，避免多次询问引起的重复伤害；侦办过程中的受害学生证言可以在诉讼程序的各个阶段使用，避免多机构反复询问；在侦办过程中，有关人员要注意保护受害学生的隐私，不泄露案情中涉及学生隐私的有关内容；尽量避免公开穿警服、开警车到学校和受害学生的家中调查了解情况。

此外，由于性侵害案件对受害学生的影响不可能在短期内消除，学校还应当通过适当的方式，在维护孩子的隐私与尊严、顾及孩子感受的基础上，在心理上、学业上给予其更多的关怀和支持，鼓励、帮助其尽快走出阴影，恢复正常的学习和生活。

案例二十二：

对于那些被性犯罪恶魔施害的孩子来说，缺乏隐私保护的“检查”和“鉴定”可能只是他们所经受的“二次伤害”的开始。2013 年 5 月 21 日，河南省南阳市桐柏县黄岗镇一所农村小学，一名 53 岁的老师被发现性侵多名女生。事发后，这群还不到 12 岁的女生就在人们的视野中到当地一家中医院的妇科诊室进行检查。一位家长这样描述当时的情景，“在里面做检查时，家长哭，孩子也跟着哭”。由于家长不相信检查结果，当地警方又从南阳市请来法医重新做鉴定。

反复的医学检查也在海南万宁未成年性侵案中上演。由于两次处女膜鉴定结果不同，一位家长甚至向媒体公开展示了一条孩子带血的内裤。受过性侵的孩子一共做了 3 次笔录，反复向有关部门描述事发的细节等。一位家长向律师透露：“孩子在家里哭，说不要再打官司了。”

孩子向警方和媒体反复叙述性侵犯经历后，更加焦虑。媒体曝光后所带来的社会舆论，更是给很多当事人的生活带来意想不到的麻烦。海南万宁事件的受害者家长起初积极接受媒体采访，后来却躲着媒体，陌生电话都不敢接听。他们抱怨，有些电视台没按他们的要求给脸部打马赛克，让他们暴露了身份，邻居和亲友们知道后都在问。扛着摄像机直接闯进家里到处拍的记者也不少。一家都市报详细地披露了海南万宁性侵犯事件的过程。在报道中，一位受害女生“向记者讲述了她和校长怎么认识以及如何去开房、为何去海口的经过”。

实际上，披露这些细节，不仅会激发创伤，而且对一些内心有性侵犯倾向的人，也是一种示范。

在上述重重压力下，海南万宁的部分受害女生不想上学了。不少家庭则选择了逃避，给孩子转学或者举家搬迁，换一种环境继续生活。

● 保护现场，立即向上级教育行政部门和公安机关报告案情 ●

以往，个别学校发生了教师性侵害学生事件之后，出于各种考虑（如怕影响学校名誉、影响学校参评先进等），学校领导往往不情愿、不积极立即上报案情，而是极力瞒报、缓报，或者消极等待、听之任之，认为是否报案应由受害学生的家长自行决定，与学校无关。个别学校领导甚至越俎代庖，力促受害学生的家长与施暴教师进行“私了”，意图将案件“内部消化”。

这样的做法是非常错误的，须知，对未成年学生进行性侵犯已构成违法犯罪，应当由司法机关进行追诉，追究违法犯罪者的法律责任。学校的瞒报、缓报之举，是对施暴者的袒护和纵容，更是对受害者的冷漠和伤害，是严重不负责任的违法行为。不仅如此,这样的做法还有可能让施暴者在违法犯罪的泥塘中越陷越深,从而让受害学生遭到更大的伤害或导致其他学生受到新的伤害。

在对待、处理校园性侵害案件的问题上,学校应当抛弃一切私心杂念,把法律的尊严、学生的安全放在首要位置。

有鉴于此,《教育部、公安部、司法部关于辽宁等地相继发生教师强奸、猥亵学生事件情况通报》中明确指出:学校在发生危害学生的性犯罪案件时,要保护现场并立即向上级和公安部门报告,积极协助公安、司法部门尽快侦破案件,惩办罪犯;对推卸责任、延缓上报的要追究学校领导的行政责任,对包庇罪犯、隐瞒不报的要坚决依法追究有关领导及相关责任人的法律责任。

他山之石:香港地区和台湾省是如何防范校园性侵害犯罪的?

我国香港地区和台湾省的学校在防范教师性侵方面有值得内地学校借鉴之处,其中最有价值的就是这两个地区的学校都已建立起了针对校园性侵害的防范体系。

香港地区的"性罪行定罪纪录查核"制度

1991 年,香港的性侵未成年人案件仅占整个虐待未成年人个案的 2.6%,但到了 1998 年时,这个数字飙升到了 30.7%。针对日益严重的事态,香港在立法、行政、司法方面进行了一系列的改革和实践。从那时起,香港成立了专门的儿童保护机构：在政府的社会福利署设立了儿童保护科及临床心理服务科，对受害儿童提供服务；在警务处内部设有专门的儿童保护科，承办儿童性侵犯等有关案件。

在香港，一旦程序启动，与受害人相关的各类人员包括家长、政府社工、警员、教师、医务人员，将迅速地组成一个高效运转的团队。这个团队迅速获取并汇总受害人的各方面信息，诸如身高、体重、血型、家庭状况、性格、爱好甚至日常学习成绩等，然后在经验丰富的社工主持下，协商如何回应受害未成年人及其家人的需要。

香港自2011年12月1日起已开始实行“性罪行定罪纪录查核”制度，即如果求职者需要从事照顾儿童或精神上无行为能力人士，雇主可以向准雇员提出要求，求职者持有关信件前往湾仔警察总部特定的办事处办理申请。

案例二十三：

香港区域法院曾经宣判了一宗案件，30岁的被告麦振声在任职一青少年综合活动中心的活动助理时，非礼了两名女童，而他此前曾在2001年因为非礼男童罪名被判入劳教中心，被判刑入狱40个月。法官在判刑时，认为被告此前有非礼儿童的案底，相关中心并没有查清楚被告的案底，认为有关机构应对小朋友及家长负责任，建议实行相应措施，以防止类似事件。

台湾省的《校园性侵害性骚扰或性霸凌防治规则》

台湾省对于性侵害防治的法律法规非常具体,如仅根据《性别平等教育法》20 条第一款的一个概括规定,便进一步制定出《校园性侵害性骚扰或性霸凌防治准则》(以下简称《防治准则》)。在台湾,教职员工是广义公务人员,学生一旦被侵害,可申请高级别的赔偿。根据《防治准则》,防治性侵害并不仅仅是针对学生的“性教育”和“自我保护”教育,针对老师、学校负责人的教育更为重要;师生都被教育,应尊重性别平等和个体多元,尊重他人与自己的性或身体的自主,这些都进入了教职员工聘约及学生手册。学校还必须常设性别平等教育委员会及负责校园性侵害或性骚扰事件的调查和处置的人员,并每年定期办理相关的在职进修活动。

防范性侵害需要一个安全的空间管理,这是学校的责任。相关法例也规定,为防治校园性侵害或性骚扰,学校应定期检视校园整体安全,按照硬件、保安、标识系统、求救系统和照明要素,进行校园空间改善。

对于不同角色的施害者的情况,《防治准则》明确了施害者向谁举报:如果校长为施害者时,应向学校所属主管机关申请调查;学校发生性侵害必须向上级和相关部门报告;对于处理流程和时限也明确规定。总之,如何接受投诉,如何调查,如何惩处施害者,都有一套清晰的程序。对于被害人需要提供的帮助,如弹性处理出缺勤纪录或成绩考核,或帮助补课,心理咨询,法律咨询和经济协助等,《防治准则》也一一列明。

如果校长为施害者时,应向学校所属主管机关申请调查;学校发生性侵害必须向上级和相关部门报告。

在教育部门专门进行两性平等教育宣传、资源提供和培训的官方网站上,教师、各个年龄段的儿童和调查员需要的资源唾手可得。这些教材简明易学,仅是辨识被侵害学生的特征,就列举了两页。此外,还有专门指导体育课的性侵害防范手册,分体育项目指出,教师什么样的辅助动作是必要的,什么样的动作是被禁止的等都一一列明。

针对中小学生,有关部门还提供各种文字和影片教程,教儿童分辨令人不愉快的身体接触与好的身体接触;教监护人辨识幼儿“呓语”中暴露的信息;告诉孩子遇到一些不舒服的事情要告诉自己信任的大人。这些教材都直白地帮助孩子认识自己的身体,正面地理解性。

案例二十四:

据台湾省的《中国时报》报道,台湾当地教育部门为倡导性别平等观念所制作的《如果早知道男生也会被性侵》影片,被网友放上网后爆红,已有八十万人次点阅,创下当地官方倡导影片的罕见纪录。剧中台词“不要啦!杰哥”“哎哟,你脸红了”,成为青少年间流行语。

这影片描述了男学生“阿玮”不堪母亲的

唠叨式教育，离家出走到网吧打电子游戏，但肚子饿了没钱买东西吃，一个自称“杰哥”的人向其宣称“有吃有喝有住”，把阿玮和他的朋友两人骗回家，酒过三巡后，杰哥把阿玮性侵了。

阿玮被性侵后非常痛苦，有一天他在公园遇到辅导人员“淑惠阿姨”，才娓娓对出事件经过，淑惠阿姨引导他报警、验伤、通报学校，让全案进入司法程序，并进行后续心理辅导。

这部影片长度为十七分钟，当地官方要求老师带学生看完片子后，再讨论二三十分钟，刚好是一节课的时间，在对学生进行正确的性观念教育的同时，还倡导正确的性别平等观念。

附录:
保护未成年人性安全的相关法律法规

最高人民法院　最高人民检察院　公安部
司法部关于依法惩治性侵害未成年人犯罪的意见

为依法惩治性侵害未成年人犯罪,保护未成年人合法权益,根据刑法、刑事诉讼法和未成年人保护法等法律和司法解释的规定,结合司法实践经验,制定本意见。

一、基本要求

1. 本意见所称性侵害未成年人犯罪,包括刑法第二百三十六条、第二百三十七条、第三百五十八条、第三百五十九条、第三百六十条第二款规定的针对未成年人实施的强奸罪,强制猥亵、侮辱妇女罪,猥亵儿童罪,组织卖淫罪,强迫卖淫罪,引诱、容留、介绍卖淫罪,引诱幼女卖淫罪,嫖宿幼女罪等。

2. 对于性侵害未成年人犯罪,应当依法从严惩治。

3. 办理性侵害未成年人犯罪案件,应当充分考虑未成年被害人身心发育尚未成熟、易受伤害等特点，贯彻特殊、优先保护原则，切实保障未成年人的合法权益。

4. 对于未成年人实施性侵害未成年人犯罪的，应当坚持双向保护原则，在依法保护未成年被害人的合法权益时，也要依法保护未成年犯罪嫌疑人、未成年被告人的合法权益。

5. 办理性侵害未成年人犯罪案件，对于涉及未成年被害人、未成年犯罪嫌疑人和未成年被告人的身份信息及可能推断出其身份信息的资料和涉及性侵害的细节等内容，审判人员、检察人员、侦查人员、律师及其他诉讼参与人应当予以保密。

对外公开的诉讼文书，不得披露未成年被害人的身份信息及可能推断出其身份信息的其他资料，对性侵害的事实注意以适当的方式叙述。

6. 性侵害未成年人犯罪案件，应当由熟悉未成年人身心特点的审判人员、检察人员、侦查人员办理，未成年被害人系女性的，应当有女性工作人员参与。

人民法院、人民检察院、公安机关设有办理未成年人刑事案件专门工作机构或者专门工作小组的，可以优先由专门工作机构或者专门工作小组办理性侵害未成年人犯罪案件。

7. 各级人民法院、人民检察院、公安机关和司法行政机关应当加强与民政、教育、妇联、共青团等部门及未成年人保护组织的联系和协作，共同做好性侵害未成年人犯罪预防和未成年被害人的心理安抚、疏导工作，从有利于未成年人身心健康的角度，对其给予必要的帮助。

8. 上级人民法院、人民检察院、公安机关和司法行政机关应当加强对下指导和业务培训。各级人民法院、人民检察院、公安机关和司法行政机关要增强对未成年人予以特殊、优先保护的司法理念，完善工作机制，提高办案能力和水平。

二、办案程序要求

9. 对未成年人负有监护、教育、训练、救助、看护、医疗等特殊职责的人员（以下简称负有特殊职责的人员）以及其他公民和单位，发现未成年人受到性侵害的，有权利也有义务向公安机关、人民检察院、人民法院报案或者举报。

10. 公安机关接到未成年人被性侵害的报案、控告、举报，应当及时受理，迅速进行审查。经审查，符合立案条件的，应当立即立案侦查。

公安机关发现可能有未成年人被性侵害或者接报相关线索的，无论案件是否属于本单位管辖，都应当及时采取制止违法犯罪行为、保护被害人、保护现场等紧急措施，必要时，应当通报有关部门对被害人予以临时安置、救助。

11. 人民检察院认为公安机关应当立案侦查而不立案侦查的，或者被害人及其法定代理人、对未成年人负有特殊职责的人员据此向人民检察院提出异议的，人民检察院应当要求公安机关说明不立案的理由。人民检察院认为不立案理由不成立的，应当通知公安机关立案，公安机关接到通知后应当立案。

12. 公安机关侦查未成年人被性侵害案件，应当依照法定程序，及时、全面收集固定证据。及时对性侵害犯罪现场进行勘查，对未成年被害人、犯罪嫌疑人进行人身检查，提取体液、毛发、被害人和犯罪嫌疑人指甲内的残留物等生物样本，指纹、足迹、鞋印等痕迹，衣物、纽扣等物品；及时提取住宿登记表等书证，现场监控录像等视听资料；及时收集被害人陈述、证人证言和犯罪嫌疑人供述等证据。

13. 办案人员到未成年被害人及其亲属、未成年证人所在学校、单位、居住地调查取证的，应当避免驾驶警车、穿着制服或者采取其他可能暴露被害人身份、影响被害人名誉、隐私的方式。

14. 询问未成年被害人，审判人员、检察人员、侦查人员和律师应当坚持不伤害原则，选择未成年人住所或者其他让未成年人心理上感到安全的场所进行，并通知其法定代理人到场。无法通知、法定代理人不能到场或者法定代理人是性侵害犯罪嫌疑人、被告人的，也可以通知未成年被害人的其他成年亲属或者所在学校、居住地基层组织、未成年人保护组织的代表等有关人员到场，并将相关情况记录在案。

询问未成年被害人，应当考虑其身心特点，采取和缓的方式进行。对与性侵害犯罪有关的事实应当进行全面询问，以一次询问为原则，尽可能避免反复询问。

15. 人民法院、人民检察院办理性侵害未成年人案件，应当及时告知未成年被害人及其法定代理人或者近亲属有权委托诉讼代理人，并告知其如果经济困难，可以向法律援助机构申请法律援助。对需要申请法律援助的，应当帮助其申请法律援助。法律援助机构应当及时指派熟悉未成年人身心特点的律师为其提供法律帮助。

16. 人民法院、人民检察院、公安机关办理性侵害未成年人犯罪案件，除有碍案件办理的情形外，应当将案件进展情况、案件处理结果及时告知被害人及其法定代理人，并对有关情况予以说明。

17. 人民法院确定性侵害未成年人犯罪案件开庭日期后，应当将开庭的时间、地点通知未成年被害人及其法定代理人。未成年被害人的法定代理人可以陪同或者代表未成年被害人参加法庭审理，陈述意见，法定代理人是性侵害犯罪被告人的除外。

18. 人民法院开庭审理性侵害未成年人犯罪案件，未成年被害人、证人确有必要出庭的，应当根据案件情况采取不暴露外貌、真实声音等保护措施。有条件的，可以采取视频等方式播放未成年人的陈述、证言，播放视频亦应采取保护措施。

三、准确适用法律

19. 知道或者应当知道对方是不满十四周岁的幼女，而实施奸淫等性侵害行为的，应当认定行为人“明知”对方是幼女。

对于不满十二周岁的被害人实施奸淫等性侵害行为的，应当认定行为人“明知”对方是幼女。

对于已满十二周岁不满十四周岁的被害人，从其身体发育状况、言谈举止、衣着特征、生活作息规律等观察可能是幼女，而实施奸淫等性侵害行为的,应当认定行为人"明知"对方是幼女。

20. 以金钱财物等方式引诱幼女与自己发生性关系的;知道或者应当知道幼女被他人强迫卖淫而仍与其发生性关系的,均以强奸罪论处。

21. 对幼女负有特殊职责的人员与幼女发生性关系的,以强奸罪论处。

对已满十四周岁的未成年女性负有特殊职责的人员,利用其优势地位或者被害人孤立无援的境地,迫使未成年被害人就范,而与其发生性关系的,以强奸罪定罪处罚。

22. 实施猥亵儿童犯罪,造成儿童轻伤以上后果,同时符合刑法第二百三十四条或者第二百三十二条的规定,构成故意伤害罪、故意杀人罪的,依照处罚较重的规定定罪处罚。

对已满十四周岁的未成年男性实施猥亵,造成被害人轻伤以上后果,符合刑法第二百三十四条或者第二百三十二条规定的,以故意伤害罪或者故意杀人罪定罪处罚。

23. 在校园、游泳馆、儿童游乐场等公共场所对未成年人实施强奸、猥亵犯罪,只要有其他多人在场,不论在场人员是否实际看到,均可以依照刑法第二百三十六条第三款、第二百三十七条的规定,认定为在公共场所"当众"强奸妇女,强制猥亵、侮辱妇女,猥亵儿童。

24. 介绍、帮助他人奸淫幼女、猥亵儿童的,以强奸罪、猥亵儿童罪的共犯论处。

25. 针对未成年人实施强奸、猥亵犯罪的,应当从重处罚,具有下列情形之一的,更要依法从严惩处:

(1) 对未成年人负有特殊职责的人员、与未成年人有共同家庭生活关系的人员、国家工作人员或者冒充国家工作人员,实施强奸、猥亵犯罪的;

(2) 进入未成年人住所、学生集体宿舍实施强奸、猥亵犯罪的;

(3) 采取暴力、胁迫、麻醉等强制手段实施奸淫幼女、猥亵儿童犯罪的；

（4）对不满十二周岁的儿童、农村留守儿童、严重残疾或者精神智力发育迟滞的未成年人，实施强奸、猥亵犯罪的；

（5）猥亵多名未成年人，或者多次实施强奸、猥亵犯罪的；

（6）造成未成年被害人轻伤、怀孕、感染性病等后果的；

（7）有强奸、猥亵犯罪前科劣迹的。

26. 组织、强迫、引诱、容留、介绍未成年人卖淫构成犯罪的，应当从重处罚。强迫幼女卖淫、引诱幼女卖淫的，应当分别按照刑法第三百五十八条第一款第（二）项、第三百五十九条第二款的规定定罪处罚。

对未成年人负有特殊职责的人员、与未成年人有共同家庭生活关系的人员、国家工作人员，实施组织、强迫、引诱、容留、介绍未成年人卖淫等性侵害犯罪的，更要依法从严惩处。

27. 已满十四周岁不满十六周岁的人偶尔与幼女发生性关系，情节轻微、未造成严重后果的，不认为是犯罪。

四、其他事项

28. 对于强奸未成年人的成年犯罪分子判处刑罚时，一般不适用缓刑。

对于性侵害未成年人的犯罪分子确定是否适用缓刑，人民法院、人民检察院可以委托犯罪分子居住地的社区矫正机构，就对其宣告缓刑对所居住社区是否有重大不良影响进行调查。受委托的社区矫正机构应当及时组织调查，在规定的期限内将调查评估意见提交委托机关。

对于判处刑罚同时宣告缓刑的，可以根据犯罪情况，同时宣告禁止令，禁止犯罪分子在缓刑考验期内从事与未成年人有关的工作、活动，禁止其进入中小学校区、幼儿园园区及其他未成年人集中的场所，确因本人就学、居住等原因，经执行机关批准的除外。

29. 外国人在我国领域内实施强奸、猥亵未成年人等犯罪的，应当依法判处，在判处刑罚时，可以独立适用或者附加适用驱逐出境。对于尚不构成犯罪但构成违反治安管理行为的，或者因实施性侵害未成年人犯罪不适宜在中国境内继续停留居留的，公安机关可以依法适用限期出境或者驱逐出境。

30. 对于判决已生效的强奸、猥亵未成年人犯罪案件，人民法院在依法保护被害人隐私的前提下，可以在互联网公布相关裁判文书，未成年人犯罪的除外。

31. 对于未成年人因被性侵害而造成的人身损害，为进行康复治疗所支付的医疗费、护理费、交通费、误工费等合理费用，未成年被害人及其法定代理人、近亲属提出赔偿请求的，人民法院依法予以支持。

32. 未成年人在幼儿园、学校或者其他教育机构学习、生活期间被性侵害而造成人身损害，被害人及其法定代理人、近亲属据此向人民法院起诉要求上述单位承担赔偿责任的，人民法院依法予以支持。

33. 未成年人受到监护人性侵害，其他具有监护资格的人员、民政部门等有关单位和组织向人民法院提出申请，要求撤销监护人资格，另行指定监护人的，人民法院依法予以支持。

34. 对未成年被害人因性侵害犯罪而造成人身损害，不能及时获得有效赔偿，生活困难的，各级人民法院、人民检察院、公安机关可会同有关部门，优先考虑予以司法救助。

其他相关法律法规

● **《中华人民共和国刑法》第236条**：“以暴力、胁迫或者其他手段强奸妇女的，处三年以上十年以下有期徒刑。奸淫不满十四周岁的幼女的，以强奸论，从重处罚。强奸妇女、奸淫幼女，有下列情形之一的，处十年以上有期徒刑、无期徒刑或者死刑：(一) 强奸妇女、奸淫幼女情节恶劣的；(二) 强奸妇女、奸淫幼女多人的；(三) 在公共场所当众强奸妇女的；(四) 二人以上轮奸的；(五) 致使被害人重伤、死亡或者造成其他严重后果的。”

● **《中华人民共和国刑法》第237条：**“以暴力、胁迫或者其他方法强制猥亵妇女或者侮辱妇女的，处五年以下有期徒刑或者拘役。聚众或者在公共场所当众犯前款罪的，处五年以上有期徒刑。猥亵儿童的，依照前两款的规定从重处罚。”

注： 对于“奸淫幼女罪”，法律上采取了更严格的认定标准，即犯罪嫌疑人的生殖器官与幼女（未满14岁）的生殖器官发生了接触，即构成犯罪既遂。显然，这一做法在操作层面上极大增强了对女童性权利的保障。

● **《未成年人保护法》第四十一条第一款：**“禁止拐卖、绑架、虐待未成年人，禁止对未成年人实施性侵害。”

● **《中小学幼儿园安全管理办法》第三十五条第一款：**“学校教职工应当符合相应任职资格和条件要求。学校不得聘用因故意犯罪而受到刑事处罚的人，或者有精神病史的人担任教职工。”

● **《教育部、公安部、司法部关于辽宁等地相继发生教师强奸、猥亵学生事件情况通报》：**“一、坚决依法打击教师队伍中的性犯罪分子，严惩不贷……二、对事件相关责任人要严肃处理，决不姑息。学校对学生负有保护责任。校长是学校的第一责任人，负领导责任。学校管理松懈，发生教师性犯罪事件的，要坚决依法追究校长、教育行政部门领导和相关管理人员的责任，严重的要撤销行政职务和开除公职。学校发生危害学生的性犯罪案件时，要立即向上级和公安部门报告，积极协助公安、司法部门尽快侦破案件，惩办罪犯。对推卸责任、延缓上报的要追究学校领导的行政责任，对包庇罪犯、隐瞒不报的要坚决依法追究有关领导及相关责任人的法律责任。对于违反教师资格制度，造成被录用的不具备教师资格的人对学生进行性犯罪的，要从严从重查处徇私舞弊的相关责任人。学校每个教职工对学生人身安全都负有保护责任。对教师性犯罪知情不报的教师，丧失了作为教师的基本职业道德，要开除出教师队伍，永不录用……”